"十三五"职业教育国家规划教材

3D打印企业实例

李艳　　　　　主编

袁田　陈泽群　　参编
李亭亭　赵勤德

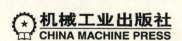

机械工业出版社
CHINA MACHINE PRESS

本书为"十三五"职业教育国家规划教材,为满足市场需求、培养增材制造技术相关技能型人才,编者根据3D打印相关企业各岗位对技能、知识及综合职业能力的要求编写了本书。

本书共有七个学习任务:3D打印探秘、3D打印瓷鸣·手机共鸣音箱(SLA)、3D打印无人机叶片(FDM)、3D打印大象玩具摆件(Polyjet)、3D打印洗衣机功能部件(SLS)、3D打印电器接插件(DLP)、3D打印叶轮(SLM)。每个学习任务都由若干个学习活动组成,具有清晰的工作过程。学习任务包含学习目标、工作情境描述、学习过程,涵盖了完成学习任务需要掌握的知识、活动步骤,以及明确而具体的成果展示和评价。

本书采用"校企合作"模式,同时运用了"互联网+"形式,在典型任务处嵌入二维码,方便学生理解相关知识,进行更深入地学习。

本书可作为技工院校和职业院校增材制造技术应用、工业设计、模具制造与设计等专业课程的教材,也可供感兴趣的读者自学使用。

为便于教学,本书配套有电子课件、视频、题库等教学资源,凡选用本书作为授课教材的教师可登录 www.cmpedu.com 注册后免费下载。

图书在版编目(CIP)数据

3D打印企业实例/李艳主编.—北京:机械工业出版社,2017.11(2024.1重印)
"十三五"职业教育国家规划教材
ISBN 978-7-111-58481-0

Ⅰ.①3… Ⅱ.①李… Ⅲ.①立体印刷-印刷术-工业企业管理-职业教育-教材 Ⅳ.①F407.84

中国版本图书馆CIP数据核字(2017)第280649号

机械工业出版社(北京市百万庄大街22号 邮政编码100037)
策划编辑:齐志刚 责任编辑:黎 艳
责任校对:王 延 封面设计:马精明
责任印制:常天培
固安县铭成印刷有限公司印刷
2024年1月第1版第8次印刷
184mm×260mm·11印张·259千字
标准书号:ISBN 978-7-111-58481-0
定价:49.50元

电话服务 网络服务
客服电话:010-88361066 机 工 官 网:www.cmpbook.com
　　　　　010-88379833 机 工 官 博:weibo.com/cmp1952
　　　　　010-68326294 金 书 网:www.golden-book.com
封底无防伪标均为盗版 机工教育服务网:www.cmpedu.com

关于"十三五"职业教育国家规划教材的出版说明

2019年10月，教育部职业教育与成人教育司颁布了《关于组织开展"十三五"职业教育国家规划教材建设工作的通知》（教职成司函〔2019〕94号），正式启动"十三五"职业教育国家规划教材遴选、建设工作。我社按照通知要求，积极认真组织相关申报工作，对照申报原则和条件，组织专门力量对教材的思想性、科学性、适宜性进行全面审核把关，遴选了一批突出职业教育特色、反映新技术发展、满足行业需求的教材进行申报。经单位申报、形式审查、专家评审、面向社会公示等严格程序，2020年12月教育部办公厅正式公布了"十三五"职业教育国家规划教材（以下简称"十三五"国规教材）书目，同时要求各教材编写单位、主编和出版单位要注重吸收产业升级和行业发展的新知识、新技术、新工艺、新方法，对入选的"十三五"国规教材内容进行每年动态更新完善，并不断丰富相应数字化教学资源，提供优质服务。

经过严格的遴选程序，机械工业出版社共有227种教材获评为"十三五"国规教材。按照教育部相关要求，机械工业出版社将坚持以习近平新时代中国特色社会主义思想为指导，积极贯彻党中央、国务院关于加强和改进新形势下大中小学教材建设的意见，严格落实《国家职业教育改革实施方案》《职业院校教材管理办法》的具体要求，秉承机械工业出版社传播工业技术、工匠技能、工业文化的使命担当，配备业务水平过硬的编审力量，加强与编写团队的沟通，持续加强"十三五"国规教材的建设工作，扎实推进习近平新时代中国特色社会主义思想进课程教材，全面落实立德树人根本任务。同时突显职业教育类型特征，遵循技术技能人才成长规律和学生身心发展规律，落实根据行业发展和教学需求及时对教材内容进行更新的要求；充分发挥信息技术的作用，不断丰富完善数字化教学资源，不断提升教材质量，确保优质教材进课堂；通过线上线下多种方式组织教师培训，为广大专业教师提供教材及教学资源的使用方法培训及交流平台。

教材建设需要各方面的共同努力，也欢迎相关使用院校的师生反馈教材使用意见和建议，我们将组织力量进行认真研究，在后续重印及再版时吸收改进，联系电话：010-88379375，联系邮箱：cmpgaozhi@sina.com。

机械工业出版社

前言 Preface

飞速发展的增材制造技术为传统制造业提供了新的发展动力。为了提升我国制造业的整体创新能力,使我国制造业取得在数字化制造、智能制造方面发展的主动权,抢占先进制造业发展的制高点,我国正在加快推进增材制造技术的研发及产业化。随着增材制造技术在航空航天、医疗产业等多个领域的不断应用,相关企业对掌握增材制造技术技能的人才需求也在不断增加。为满足市场需求、培养增材制造技术相关技能型人才,编者根据3D打印相关企业各岗位对技能、知识及综合职业能力的要求编写了本书。

本书按照工学结合人才培养模式的基本要求,通过深入企业调研,认真分析增材制造行业发展趋势、3D打印相关企业的岗位群及各岗位对应的工作职责和完成各岗位主要工作任务需要的知识和技能,将企业真实的典型工作任务转化为具有教育价值的学习任务。读者可在完成工作任务的过程中学习企业常用的工业设计三维造型软件的使用方法、打印参数设置等数据处理方法、典型3D打印机的使用和维护方法、打印件的后处理技术、打印材料知识等重要的知识和技能,培养综合职业能力。同时运用了"互联网+"技术,在部分任务附近设置了二维码,使用者可以用智能手机进行扫描,便可在手机屏幕上显示和教学资源相关的多媒体内容,方便学生理解相关知识,进行更深入地学习。

本书共有七个学习任务:3D打印探秘、3D打印瓷鸣·手机共鸣音箱(SLA)、3D打印无人机叶片(FDM)、3D打印大象玩具摆件(Polyjet)、3D打印洗衣机功能部件(SLS)、3D打印电器接插件(DLP)、3D打印叶轮(SLM)。每个学习任务都由若干个学习活动组成,具有清晰的工作过程。学习任务包含学习目标、工作情境描述、学习过程,涵盖了完成学习任务需要掌握的知识、活动步骤,以及明确而具体的成果展示和评价。

本书建议学时见下表。

建议学时

学习任务	学习活动	建议学时	总计
学习任务一 3D打印探秘	学习活动1　什么是3D打印	2	8
	学习活动2　3D打印技术原理	3	
	学习活动3　3D打印实施流程及材料	2	
	学习活动4　3D打印的应用	1	
学习任务二 3D打印瓷鸣· 手机共鸣音 箱(SLA)	学习活动1　获取瓷鸣·手机共鸣音箱3D打印任务	2	40
	学习活动2　设计瓷鸣·手机共鸣音箱概念图	4	
	学习活动3　瓷鸣·手机共鸣音箱建模	12	
	学习活动4　瓷鸣·手机共鸣音箱数据处理	4	
	学习活动5　瓷鸣·手机共鸣音箱快速成型	12	
	学习活动6　瓷鸣·手机共鸣音箱后处理	4	
	学习活动7　瓷鸣·手机共鸣音箱任务评价	2	

（续）

学习任务	学习活动		建议学时	总计
学习任务三 3D打印无人 机叶片（FDM）	学习活动1	获取无人机叶片逆向打印任务	2	32
	学习活动2	制订无人机叶片设计方案	2	
	学习活动3	采集无人机叶片模型数据	8	
	学习活动4	建立无人机叶片模型	8	
	学习活动5	3D打印无人机叶片	8	
	学习活动6	无人机叶片后处理	2	
	学习活动7	无人机叶片任务评价	2	
学习任务四 3D打印大象 玩具摆件 （Polyjet）	学习活动1	获取大象玩具摆件3D打印任务	2	18
	学习活动2	制订大象玩具摆件3D打印方案	4	
	学习活动3	处理大象玩具摆件数据	4	
	学习活动4	大象玩具摆件快速成型	4	
	学习活动5	大象玩具摆件后处理	2	
	学习活动6	大象玩具摆件任务评价	2	
学习任务五 3D打印洗衣 机功能部件 （SLS）	学习活动1	获取洗衣机部件3D打印任务	2	16
	学习活动2	制订洗衣机部件3D打印方案	2	
	学习活动3	处理洗衣机部件数据	2	
	学习活动4	洗衣机部件快速成型	4	
	学习活动5	洗衣机部件后处理	4	
	学习活动6	洗衣机部件任务评价	2	
学习任务六 3D打印电器 接插件 （DLP）	学习活动1	获取电器接插件3D打印任务	2	20
	学习活动2	制订电器接插件3D打印方案	2	
	学习活动3	处理电器接插件数据	6	
	学习活动4	电器接插件快速成型	6	
	学习活动5	电器接插件后处理	2	
	学习活动6	电器接插件任务评价	2	
学习任务七 3D打印叶轮 （SLM）	学习活动1	获取叶轮3D打印任务	2	26
	学习活动2	制订叶轮3D打印方案	2	
	学习活动3	处理叶轮数据	6	
	学习活动4	叶轮快速成型	10	
	学习活动5	叶轮后处理	4	
	学习活动6	叶轮任务评价	2	

本书由李艳担任主编，袁田、陈泽群、李亭亭、赵勤德参与了本书的编写。具体分工为：学习任务一、五、六由李艳编写；学习任务二由袁田编写，学习任务三由陈泽群编写，学习任务四由李亭亭编写，学习任务七由赵勤德编写。本书编写过程中参阅了国内外出版的有关教材和资料，在此对相关作者表示感谢。

由于编者水平有限，书中难免存在不足之处，敬请读者批评指正，并提出宝贵意见。

编 者

二维码索引

序号	名称	二维码	页码
1	3D打印工作原理		13
2	大象摆件3D打印任务		81
3	Polyjet技术应用举例		85
4	洗衣机部件3D打印任务		102
5	电器接插件3D打印任务		125
6	叶轮3D打印任务		147
7	SLM技术原理		149

目录

前言
二维码索引

学习任务一　3D打印探秘　/ 1
学习活动1　什么是3D打印　/ 2
学习活动2　3D打印技术原理　/ 10
学习活动3　3D打印实施流程及材料　/ 17
学习活动4　3D打印的应用　/ 22
学习活动5　3D打印探秘任务评价　/ 26

学习任务二　3D打印瓷鸣·手机共鸣音箱（SLA）　/ 27
学习活动1　获取瓷鸣·手机共鸣音箱3D打印任务　/ 28
学习活动2　设计瓷鸣·手机共鸣音箱概念图　/ 29
学习活动3　瓷鸣·手机共鸣音箱建模　/ 33
学习活动4　瓷鸣·手机共鸣音箱数据处理　/ 40
学习活动5　瓷鸣·手机共鸣音箱快速成型　/ 45
学习活动6　瓷鸣·手机共鸣音箱后处理　/ 49
学习活动7　瓷鸣·手机共鸣音箱任务评价　/ 53

学习任务三　3D打印无人机叶片（FDM）　/ 55
学习活动1　获取无人机叶片逆向打印任务　/ 56
学习活动2　制订无人机叶片设计方案　/ 59
学习活动3　采集无人机叶片模型数据　/ 61
学习活动4　建立无人机叶片模型　/ 65
学习活动5　3D打印无人机叶片　/ 72
学习活动6　无人机叶片后处理　/ 76
学习活动7　无人机叶片任务评价　/ 78

学习任务四　3D 打印大象玩具摆件（Polyjet）　　／80

　　学习活动 1　获取大象玩具摆件 3D 打印任务　　／81
　　学习活动 2　制订大象玩具摆件 3D 打印方案　　／83
　　学习活动 3　处理大象玩具摆件数据　　／87
　　学习活动 4　大象玩具摆件快速成型　　／94
　　学习活动 5　大象玩具摆件后处理　　／97
　　学习活动 6　大象玩具摆件任务评价　　／99

学习任务五　3D 打印洗衣机功能部件（SLS）　　／101

　　学习活动 1　获取洗衣机部件 3D 打印任务　　／102
　　学习活动 2　制订洗衣机部件 3D 打印方案　　／103
　　学习活动 3　处理洗衣机部件数据　　／108
　　学习活动 4　洗衣机部件快速成型　　／113
　　学习活动 5　洗衣机部件后处理　　／120
　　学习活动 6　洗衣机部件任务评价　　／122

学习任务六　3D 打印电器接插件（DLP）　　／124

　　学习活动 1　获取电器接插件 3D 打印任务　　／125
　　学习活动 2　制订电器接插件 3D 打印方案　　／126
　　学习活动 3　处理电器接插件数据　　／129
　　学习活动 4　电器接插件快速成型　　／138
　　学习活动 5　电器接插件后处理　　／140
　　学习活动 6　电器接插件任务评价　　／144

学习任务七　3D 打印叶轮（SLM）　　／146

　　学习活动 1　获取叶轮 3D 打印任务　　／147
　　学习活动 2　制订叶轮 3D 打印方案　　／149
　　学习活动 3　处理叶轮数据　　／153
　　学习活动 4　叶轮快速成型　　／157
　　学习活动 5　叶轮后处理　　／162
　　学习活动 6　叶轮任务评价　　／164

参考文献　　／166

➡ 学习任务一

3D 打印探秘

学习目标

1. 了解 3D 打印的基本概念
2. 了解 3D 打印的组成
3. 了解 3D 打印的特点
4. 掌握 3D 打印的基本原理
5. 分辨 3D 打印的类型
6. 了解 3D 打印的实施流程
7. 熟悉 3D 打印材料区别及适用范围
8. 了解 3D 打印的应用范围、场合
9. 了解典型 3D 打印设备及厂商
10. 提高学习积极性,提升科技强国国策的认同感。

学习活动1 什么是3D打印

 学习目标

1. 3D打印的基本概念
2. 3D打印的组成
3. 3D打印的特点

 学习过程

1. 概念

3D打印技术是由数字模型直接驱动,运用金属、塑料、陶瓷、树脂、蜡、纸和砂等可粘合材料,在3D打印机上按照程序计算的运行轨迹,以材料逐层堆积叠加的方式来构造出与数据描述一致的物理实体的技术(图1-1)。准确地讲,3D打印应称为快速成型技术(Rapid Prototyping,缩写为RP),属于增材制造技术。

图1-1 快速成型制造模型的过程

3D打印技术能够自动、直接、快速、精准地反映设计思想,并将其转变为具有一定功能的原型甚至可供使用的零件,为零件原型制作、新设计思想的校验等方面提供了一种高效、低成本的实现手段,被认为是近20年来制造领域的一个重大成果。

2. 3D打印机与普通打印机的异同对比

见表1-1。

表1-1 3D打印机与普通打印机对比

	普通打印机	3D打印机
图片	普通打印机	3D打印机

（续）

	普通打印机	3D 打印机
不同点	★ 打印平面图形 ★ 打印材料是墨水、纸张	★ 打印立体物体 ★ 材料盒内装有塑料、尼龙、玻璃、金属、陶瓷等不同的打印材料 ★ 打印材料一层层叠加

A. 打印平面图形　B. 打印立体物体　C. 工作原理　D. 打印材料是墨水、纸张
E. 材料盒内装有塑料、尼龙、玻璃、金属、陶瓷等不同的"打印材料"
F. "打印材料"一层层叠加

3. 3D 打印技术与传统生产制造方式的区别

生产制造方式有新型生产制造方式和传统生产制造方式两种。其中，传统的生产制造方式有等材制造和减材制造。

 请连线（表 1-2）判断各图分别属于哪种生产制造方式。

表 1-2　3D 打印技术与传统生产制造方式的区别

生产制造方式	连　线	图　　例
减材制造		3D 打印
增材制造		铸造加工
等材制造		数控加工

 **小提示**

等材制造是指采用铸造、焊接及锻压等技术对材料进行加工的方法,制造过程中,基本上不改变材料的量,或者改变很少。

减材制造是指利用切削机床对毛坯进行加工的方法,毛坯由大变小,形成最终所需要形状的零件。

增材制造是指采用材料逐渐累加的方法制造实体零件的技术,相对于传统的材料去除——切削加工技术,增材制造是一种"自下而上"的制造方法。

4. 3D打印的组成(表1-3)

表1-3　3D打印的组成

组　　成		举　　例
软件	建模软件	辅助设计人员制作产品三维数字模型 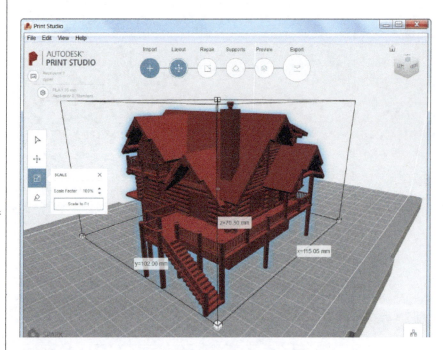 图形设计软件AutoCAD为三维打印推出的增强功能 3D设计是在假想空间直接完成整体形态的设计,只要有3D数据,就可以根据数据打印出成品。可用于3D建模的软件工具很多,如SolidWorks、AutoCAD、UG、Creo等,根据设计对象的形状和用途需要选择不同的软件环境,通过软件工具详细完整地表达设计细节和需求,是快速成型的制造依据

4

（续）

组	成	举 例
软件	数据处理软件	为使快速成型设备识别三维模型，执行成型命令，对三维模型进行数据修复、转换、切片、添加支撑等操作的数据处理软件（如下图所示） 数据处理软件 Magics 在 3D 打印中的应用 产品设计完成进入生产加工前，都要从 3D 图形文件转换为机床代码，然后才能送至生产设备进行相应的加工。数据处理软件就是将模型设计的图形文件从模态结构转化成数字结构，并对转化过程中产生的错误进行检测、修复、编辑等处理操作，生成加工设备可识别并执行的数字文件
	设备控制软件	快速成型设备运行控制软件 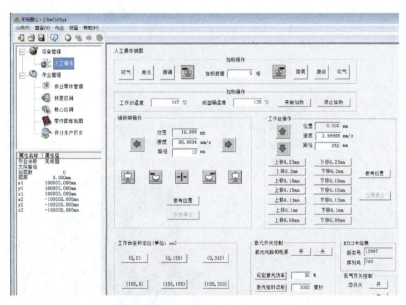 TPM 盈普光电的设备控制软件 EliteCtrlSys 设备控制软件主要用于导入 3D 数据到成型设备，并控制、监测成型设备完成成型加工

(续)

组成		举例
硬件	3D打印设备	3D打印设备主要指3D打印机，是3D打印的核心装备 不同的成型方式所使用的设备不尽相同，但其基本原理都是堆叠薄层成型。3D打印机与普通打印机工作原理基本相同，打印机内装有打印材料，成型设备收到模型的切片信息后，通过软件控制开始打印，打印材料按照既定路径被逐层打印成型，层层堆叠，直到得到一个实体模型 Stratasys公司的Jetting 3D Printer打印机 目前市面上的3D打印设备可分为两类，一类是工业级3D打印机，另一类是桌面级3D打印机 工业级3D打印机，精度高、成品率高、高度高，常被称为快速成型机。这些设备主要应用于专业化、重量级的产品原型设计，价格昂贵，系统复杂，适用于专业人士 工业级3D打印机 随着技术的发展和消费者需求的变化，3D打印机褪去神秘，开始走进业余爱好者和设计师的工作间。桌面级3D打印机小巧精致且价格低廉，对于个人消费者、中小企业或者各类教育机构等非常实用，对操作者的专业要求不高。相对的，3D打印机的小型化也一定程度上牺牲了产品的精度和表面质量等。桌面级3D打印机的推广普及，使得3D打印技术进入大众视野  桌面级3D打印机

（续）

组成		举例
硬件	打印材料	基于3D打印的成型原理，其所使用的原材料必须能够液化、粉末化或者丝化，在打印完成后又能重新结合起来，并具有合格的物理、化学性能。除了模型成型材料还有辅助成型的凝胶剂或其他辅助材料，以提供支撑或用来填充空间，这些辅助材料在打印完成后需要处理去除 现在可用于3D打印的材料种类越来越多，从树脂、塑料到金属，从陶瓷到橡胶类材料都可作为成型材料，主要可分为高分子材料和金属材料两大类，高分子材料如光敏树脂、ABS、PC、尼龙粉、石膏粉、蜡等是3D打印的常用材料，金属材料受工艺及自身特性的局限，目前应用并不广泛。随着技术的发展，一些混合材料的应用也渐渐多了起来

5. 3D打印的特点（表1-4）

表1-4 3D打印的特点

优 势	
生产周期短，节约成本	3D打印技术在有三维数据模型的条件下，即可直接开始制造实体零件，无需制造模具和试模等传统制造工艺漫长的试制过程，大大缩短了生产周期，也节约了制模成本
制造复杂零件不增加成本	对于3D打印技术而言，制造形状复杂的物体仅是数据模型的不同，和制造简单物体并无太大不同，并不会额外消耗更多的时间、材料等成本，而制作一个复杂形状的模具相当耗时费力，有的甚至无法制成。3D打印制造复杂零件的方法若能和传统制造达到同样的精度和实用性，将会对产品价格带来很大的影响 3D打印复杂结构物体
产品多样化，不增加成本	同一台3D打印设备按照不同的数据模型使用相同材料，可以同时制造多个形状不同的物体。传统制造设备功能较为单一，能够做出的形状种类有限，成本相对也较高
实现个性化产品定制	对于3D打印技术，从理论上讲，只要计算机建模设计出的造型，3D打印机都可以打印出来。人们可以根据需要对模型进行任何个性化的修改，实现复杂产品、个性化产品的生产。这一点在医学领域的应用显得尤为重要和适宜，个性化制造符合患者需求的诸如假牙、人造骨骼和义肢等，对患者来讲意义重大 3D打印的义肢

(续)

优　势	
产品无需组装，一体化成型	3D 打印可以使部件一体化成型，不需要各个零件单独制造再组装，有效地压缩了生产流程，减少劳动力的使用和对装配技术的依赖，节省在这些方面的大量成本。传统生产中，产品生产是由流水线逐步生产组装的，部件越多，组装和运输所耗费的时间和成本也就越多
突破设计局限	传统制造受制于生产工具和方式，并不能随心所欲地生产设想中的产品。3D 打印技术突破了这些局限，可以轻松实现设计者的各种设计想法，大大拓宽了设计和制造空间
制作技能门槛低	3D 打印过程中计算机控制制造全过程，降低了对操作人员技能的要求。不需再依赖熟练工匠的技术能力控制产品的精度、质量和生产速度，开辟了非技能制造的新商业模式，并能在远程环境或极端情况下为人们提供新的生产方式
废弃副产品较少	3D 打印制造的副产品较少。尤其在金属制造领域，传统金属加工浪费量惊人，而 3D 打印进行金属加工时浪费量很小，节能环保
精确的产品复制	3D 打印依托数据模型生产产品，在同一产品精度的控制方面也是从数据扩展至实体，因而可以精确地创建副本或优化原件 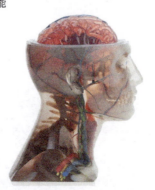 高精度创建实体
材料无限组合	传统制造在切割或模具成型的过程中，不能轻易地将不同原材料结合成单一产品。而 3D 打印技术却可将以前无法混合的原材料混合成新的材料，这些材料种类繁多，甚至可以赋予不同的颜色，具有独特的属性或功能 3D 打印多材料混合彩色模型 然而，3D 打印技术并非"无所不能"，还有许多技术困难没有得到完美解决。在产品精度、实用性等方面还有很大的提升空间。现有技术条件下，3D 打印技术仍存在一些缺陷或劣势

(续)

劣　势	
制造精度问题	3D打印技术的成型原理是层层堆叠成型，这使得其产品中普遍存在台阶效应。尽管不同方式的3D打印技术（如粉末激光烧结技术）已尽力降低台阶效应对产品表面质量的影响，但效果并不尽如人意。分层厚度虽然已被分解得非常薄，但仍会形成"台阶"，对于表面是圆弧形的产品来说，精度的偏差是不可避免的  3D打印产品呈现的台阶效应 目前，很多打印方式都需要进行二次强化处理，如二次固化、打磨等，其对产品施加的压力或温度，会造成产品材料的形变，进一步造成精度降低
产品性能问题	层层堆叠成型的方式，使得层与层之间的衔接无法与传统制造工艺整体成型产品的性能相匹敌，在一定的外力作用下，打印的产品很容易解体，尤其是层与层之间的衔接处 现阶段的3D打印技术，由于成型材料的限制，其制造的产品在诸如硬度、强度、柔韧性和机械加工性等性能和实用性方面，与传统制造加工的产品还有一定的差距。这一点在民用领域的产品上体现得较为明显，多用于产品原型或验证设计模型来使用，作为功能部件使用略显勉强。3D打印在工业制成品等高端应用中，在精度、表面质量和工艺细节上有很大提升，在航空航天、医疗、军事等领域有较多的功能性应用
材料问题	目前可供3D打印机使用的材料，尽管种类在不断地扩大，但相对于应用需求来讲还是太少，即使可以在3D打印机上使用，其产品的功能性如何尚未可知 此外，由于3D打印加工成型方式的特殊性，很多材料在使用前需要经过处理制成专用材料（如金属粉末），这使得打印的产品在质量上与传统加工产品的质量有一定的差距，影响应用。另一些快速成型方式制成的产品表面质量较差，需要经过二次加工等后处理才能应用。对于具有复杂表面的3D打印产品，支撑材料难以去除，也对产品质量和应用构成影响
成本问题	目前，使用3D打印机进行生产制造，高精度核心设备价格高昂，成型材料和支撑材料等耗材需制成专用材料，价格不菲，这使得在不考虑时间成本时，3D打印对传统加工的优势荡然无存 在现在的技术条件下，打印成品的表面质量还需进一步后处理，当后处理成为必要环节时，人力和时间成本也随之上升

6. 3D 打印技术发展史（图 1-2）

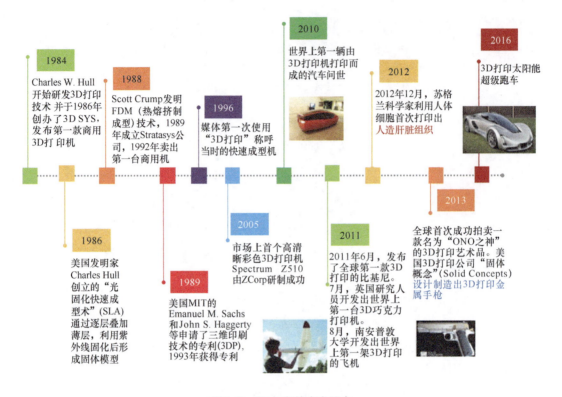

图 1-2　3D 打印技术发展史

学习活动 2　3D 打印技术原理

学习目标

1. 3D 打印的基本原理
2. 分辨 3D 打印的类型

 学习过程

1. 基本原理（图 1-3）

 请根据图 1-3，完成 3D 打印基本原理文字排序。

① 将三维数据模型转换成 3D 打印系统可以识别的文件，并进行数据分析，将模型进行切片处理，得到适应打印系统的分层截面信息。

② 利用三维建模软件建立三维数据模型。

③ 整个制造过程在计算机的控制之下，由 3D 打印系统自动完成。

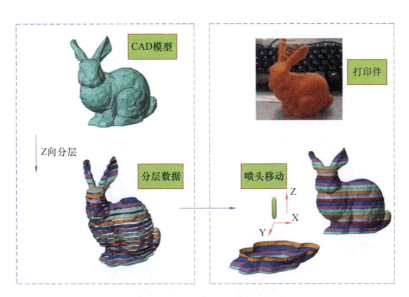

图 1-3　从数模到实物的过程

④ 做好数据处理，3D打印设备就可以按照数据信息每次制作一层具有一定微小厚度和特定形状的截面，并逐层粘结，层层叠加，最终得到模型。

⑤ 在3D打印技术中所使用的成型材料不同，系统的工作原理也有所区别，甚至不同公司制造的同一原理打印系统也略有差异，但其基本原理都是一样的，即"分层制造，逐层叠加"。

排序：

下面介绍两种典型的"薄层叠加"方式。一种是原材料自身沉积固化后叠层，另一种通常利用施加外部条件（如激光和黏合剂等）来黏合原材料固化叠层。

沉积型的叠层方式，其特点在于任何可由喷嘴挤压的原材料都可以进行3D打印。带有可沉积材料的喷嘴根据物体的截面信息在工作台上勾勒出物体的截面轮廓，原材料通过注射、喷洒或挤压的方式一层层地沉积固化，喷嘴沿着一系列水平或垂直轨道移动运行，逐层填充物体轮廓，最终完成实体制造，这实际上就是FDM成型方式。这类成型方式所用的原材料可以是遇到工作台就会固化的软塑料、原始的饼干面团或者特殊医疗凝胶里的活细胞。

这种方法的优点在于：

1）其打印技术可以简化为技术含量相对较低的版本。

2）简化版本的成本低，可使用的材料范围广，任何可以通过喷嘴挤压的原材料都可以进行3D打印。

3）运行安静，并使用相对低温的打印头，操作较为安全，是家庭、学校或者办公室使用的理想选择。

但其主要缺点也正来源于这种只能通过喷嘴挤出或挤压材料的成型方式。它只能打印可以通过打印头挤出或挤压的材料，所使用的打印材料有局限性，限制了它的应用范围。目前市场上大部分选择性沉积成型设备使用的材料是为其特制的一种塑料，做成卷筒状将末端直接连接打印设备，在打印设备中融化并挤出。

"黏合叠层"的典型方式是立体光刻（SL），通常是利用激光将热/光固化粉末和光敏聚合物等融化或凝固为层，或者在原材料中加入某种黏合剂来实现。激光束在液体聚合物表面沿着物体轮廓扫描，这些特殊的聚合物是光敏材料，当其暴露于 UV 光线下，就会固化。激光扫描遵循所打印物体的轮廓和截面逐层进行，一层固化成型完毕，可移动工作台下沉将已成型部分下沉一定的厚度，新一层的原材料覆盖在已成型部分的顶部，继续扫描固化，部件就会一层层地逐渐叠加成型。这种成型方式需要进行后处理，包括多余材料的去除、表面处理甚至进一步固化等。

这种方法的优势在于激光作业迅速、精确，多束激光可并行工作，分辨率比挤压式 3D 打印头更高。随着光敏聚合物原材料质量的提升，其应用范围也在不断地扩大。缺点在于光敏聚合物产品的耐用性并不好，且价格昂贵，再者这类成型设备的成本也较高。

选择性激光烧结（LS）使用的技术与 SL 类似，所不同的是其成型材料并非液态光敏聚合物，而是粉末材料。这种方法的优势在于未熔化的粉末可作为产品的内部支撑，某些情况下，未使用的松散粉末还可以回收再利用。另一个优点是，很多原材料都可以制成粉末的形式，如尼龙、钢、青铜和钛等，因此粉末材料应用的范围也更加广泛。但这种方法制造的物体表面往往不光滑、多孔，也不能同时打印不同类型的粉末，粉末处理不当，还有引发爆炸的危险。LS 成型是高温过程，产品"打印"完成后需要冷却，视打印层的尺寸和厚度不同，有的物体甚至需要较长的冷却时间。

2. 3D 打印的类型

根据成型原理的不同，3D 打印技术可以分为很多种类（表 1-5）。每种成型技术的具体原理都不一样，这与所用的成型材料和固化方式有关，但核心成型方法都是想办法根据数据模型制造出一层物体，然后逐层叠加，直至制造出整个三维物理实体。现在市面上比较成熟的主流快速成型技术有 SLA、SLS、FDM、3DP 和 LOM 等。

表 1-5　3D 打印技术按成型原理分类

成 型 原 理	技 术 名 称
高分子聚合反应	激光立体光固化（Stereo Lithography Apparatus, SLA）
	高分子打印技术（Polymer Printing）
	高分子喷射技术（Polymer Jetting）
	数字化光照加工技术（Digital Lighting Processing, DLP）
烧结和熔化	选择性激光烧结技术（Selective Laser Sintering, SLS）
	选择性激光熔化技术（Selective Laser Melting, SLM）
	电子束熔化技术（Electron Beam Melting, EBM）
熔融沉积	熔融沉积造型技术（Fused Deposition Modeling, FDM）
层压制造	层压制造技术（Layer Laminate Manufacturing, LLM）
叠层实体制造	叠层实体制造技术（Laminated Object Manufacturing, LOM）

3. 3D 打印工作原理、应用及特点（表1-6）

表1-6　3D 打印工作原理、应用及特点

类　型	工　作　原　理	应 用 及 特 点
激光立体光固化成型法（SLA）	SLA 是最早实用化的快速成型技术。它用特定波长与强度的激光在计算机的控制下，由预先得到的零件分层截面信息以分层截面轮廓为轨迹连点扫描液态光敏树脂，被扫描区域的树脂薄层发生光聚合反应，从而形成零件的一个薄层截面实体，然后移动工作台，在已固化好的树脂表面再敷上一层新的液态树脂，进行下一层扫描固化，如此重复直至整个零件原型制造完毕	SLA 技术主要用于制造多种模具、模型等，还可以在原料中加入其他成分，用 SLA 原型模代替熔模精密铸造中的蜡模 美国 3D Systems 公司最早推出这种工艺及其相关设备系统。这项技术的特点是成型速度快，精度和表面质量好，但是由于树脂固化过程中会产生收缩，不可避免地会产生应力或形变，运行成本太高，后处理比较复杂，对操作人员的要求也较高，更适合用于验证装配设计过程
	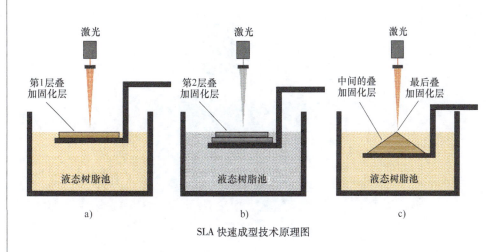 SLA 快速成型技术原理图	
熔融沉积造型技术（FDM）	FDM 是一种挤出成型技术。将 FDM 设备的打印头加热，使用电加热的方式将丝状材料（如石蜡、金属、塑料和低熔点合金丝等）加热至略高于熔点之上（通常控制在比熔点高1℃左右），打印头受分层数据控制，使半流动状态的熔丝材料（丝材直径一般大于1.5mm）从喷头中挤压出来，凝固成轮廓形状的薄层，一层层叠加后形成整个零件模型（如图所示）	FDM 是现在使用最为广泛的3D 打印方式，采用这种方式的设备既可用于工业生产也面向个人用户。所用的材料除了白色外还有其他颜色，可在成型阶段给成品做出带颜色的效果。使用这种成型方式时，每一叠加层的厚度相比其他方式较厚，所以多数情况下分层清晰可见（如图所示），处理也相对简单 美国 3D Systems 公司的 BFB 系列和 Rapman 系列产品全部采用了 FDM 技术，其工艺特点是直接采用工程材料 ABS、PC 等进行制作，材料可以回收，用于中、小型工件的成型。其缺点是表面质量较差，综合来说这种方式不可能做出像饰品那样的精细造型和光泽效果

(续)

类 型	工 作 原 理	应用及特点
熔融沉积造型技术（FDM）	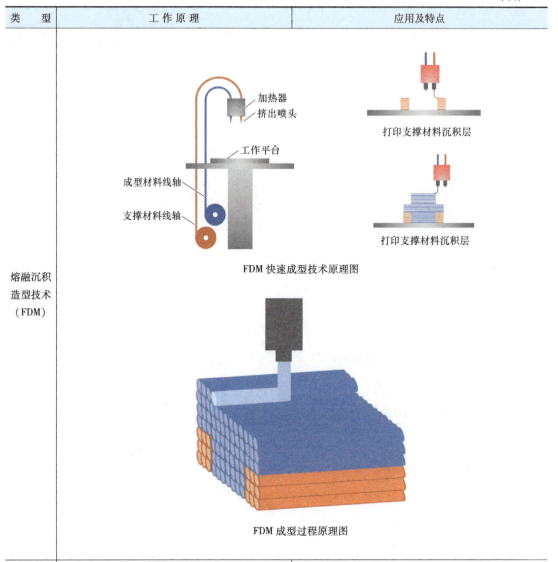 FDM 快速成型技术原理图 FDM 成型过程原理图	打印支撑材料沉积层 打印支撑材料沉积层
选择性激光烧结快速成型技术（SLS）	SLS 采用 CO_2 激光器作为能源，根据原型的切片模型利用计算机控制激光束进行扫描，有选择地烧结固体粉末材料以形成零件的一个薄层。一层完成后，工作台下降一个层厚，铺粉系统铺上一层新粉，再进行一下层的烧结，层层叠加。全部烧结完成后去掉多余的粉末，再进行打磨烘干等处理便可得到最终的零件。需要注意的是，在烧结前，工作台要先进行预热，这样可以减少成型中的热变形，也有利于叠加层之间的结合	与其他快速成型方式相比，SLS 最突出的优点是其可使用的成型材料十分广泛，理论上讲，任何加热后能够形成原子间粘结的粉末材料都可以作为其成型材料。目前，可进行 SLS 成型加工的材料有石蜡、高分子材料、金属、陶瓷粉末和它们的复合粉末材料，成型材料的多样化使得其应用范围越来越广泛 德国 EOS 公司的 P 系列塑料成型机和 M 系列金属型机产品，是较先进的 SLS 技术设备。SLS 技术另一个特点是能够制造可直接使用的最终产品，因此 SLS 技术既可归入快速成型的范畴，也可以归入快速制造的范畴。但是，这种方式的成品表面比较粗糙，无法满足表面平滑的需求

（续）

类 型	工 作 原 理	应用及特点
选择性激光烧结快速成型技术（SLS）	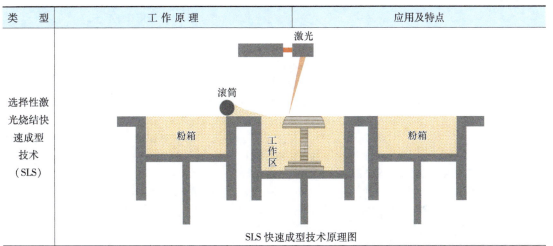 SLS 快速成型技术原理图	
三维打印技术（3DP）	三维打印技术（Three Dimensional Printing）才是真正的 3D 打印。因为这项技术和平面打印非常相似，甚至连打印头都是直接用平面打印机的。3DP 技术根据打印方式不同又可以分为热爆式三维打印、压电式三维打印和 DLP 投影式三维打印等。这里主要介绍常见的热爆式三维打印。它所用的材料与 SLS 类似，也是粉末状材料，所不同的是粉末材料并不是通过烧结连接起来，而是通过喷头喷出粘结剂将零件的截面"印刷"在粉末材料上 3DP 所用的设备一般有两个箱体，一边是储粉缸，一边是成型缸。工作时，由储粉缸推送出一定分量的成型粉末材料，并用滚筒将推送出的粉末材料在加工平台上铺成薄薄一层（一般为 0.1mm），打印头根据数据模型切片后获得的二维片层信息喷出适量的粘合剂，粘住粉末成型，做完一层，工作平台自动下降一层的厚度，重新铺粉粘结，如此循环便会得到所需的产品	3DP 的原理和打印机非常相似，这也是三维打印这一名称的由来。最大的特点是小型化和易操作性，适用于商业、办公、科研和个人工作室等场合，但缺点是精度和表面质量都较差。因此在打印方式上的改进必不可少，例如，压电式三维打印也类似于传统的二维喷墨打印，但却可以打印超高精细度的样件，适用于小型精细零件的快速成型，相对于 SLA，设备更容易维护，表面质量也较好
	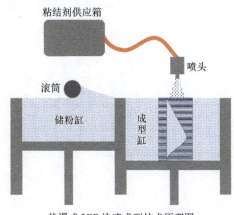 热爆式 3DP 快速成型技术原理图	

(续)

类　　型	工作原理	应用及特点
叠层实体制造技术（LOM）	LOM 成型工艺用激光切割系统按照 CAD 分层模型所获得的物体截面轮廓线数据，用激光束将单面涂有热熔胶的片材切割成所制零件的内外轮廓，切割完一层后，送料机构将新的一层片材叠加上去，利用加热粘压装置将新一层材料和已切割的材料粘合在一起，然后再进行切割，这样反复逐层切割粘合，直至整个零件模型制作完毕，之后去除多余的部分取出制件即可。激光切割时，除了切割出制件的轮廓线，也会将无轮廓线的区域切成小方网格。网格越小，越容易剔除废料，但花费的时间也相应较长，否则反之	LOM 常用的材料是纸、金属箔、塑料薄膜、陶瓷膜或其他复合材料等，这种方法除了可以制造模具、模型外，还可以直接制造结构件或功能件。叠层制造技术工作可靠，模型支撑性好，成本低，效率高，但是前后处理都比较费时费力，也不能制造中空的结构件。主要用于快速制造新产品样件、模型或铸造用的木模

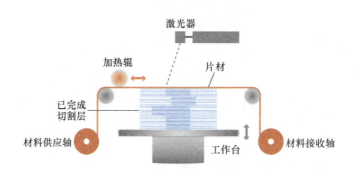

LOM 快速成型技术原理图

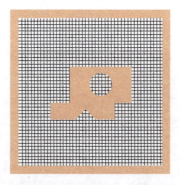

LOM 激光切割的轮廓线和方格线

学习活动3 3D打印实施流程及材料

学习目标

1. 了解3D打印的实施流程
2. 3D打印材料比较及适用范围

学习过程

1. 3D打印实施流程（图1-4）

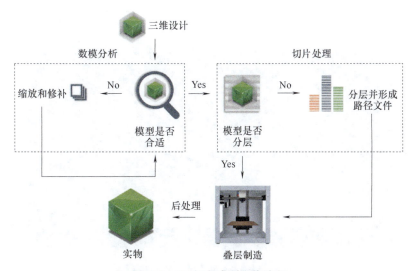

图1-4 3D打印成型实施流程

（1）三维设计 3D打印制造过程的开始和普通打印机一样，也需要一个打印源文件，有了这个数字模型文件，才能进行下一步的工作。3D打印的数据模型源文件一般都由3D制图或3D建模软件（表1-7）绘制，属于软件生成的矢量模型（图1-5）。

表1-7 3D建模软件分类

类别		软件名称	应用领域
三维工业设计软件	CAID（Computer-aided Industrial Design）计算机工业辅助设计	Rhino	三维动画制作、工业制造、科学研究，以及机械设计
		Alisa	先进的工业造型设计软件，主要应用于汽车设计、航空航天等领域
	CAD（Computer-aided Design）计算机辅助设计	实体建模 Pro/ENGINEER	高端产品设计软件
		UG	用于产品设计、工程和制造全范围的开发
		SolidWorks、Inventor	应用于机械设计、工业设计、家电产品设计
		复合建模 Solid Edge	应用于机械、电子、航空、汽车、仪器仪表、模具、造船、消费品等的设计
		CATIA	应用于航天航空、汽车、造船、厂房、消费品等的设计

17

(续)

类　　别	软件名称	应用领域
三维建筑设计软件	AutoCAD Civil 3D	应用于交通运输、土地开发和水利项目的土木工程
	SketchUP	三维建筑设计方案创作的优秀工具
	PKPM	主要应用于建筑、结构、设备（给排水、采暖、通风空调、电气）设计
	3ds Max	应用于室内设计，以及建筑设计等方面
三维影视动画、游戏设计软件	3ds Max	主要应用于三维动画、多媒体制作、影视游戏设计，同时也运用在广告、工业设计、建筑设计
	Maya	主要应用于游戏、影视设计
	Rhino	具有强大的渲染功能，很适合运用在卡通设计、场景制作与广告设计

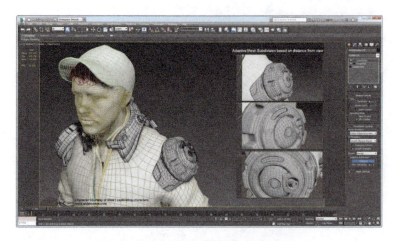

图 1-5　3ds max 制作的三维数据模型

（2）切片处理　3D 模型必须经由两个软件的处理才能完成"打印程序"：切片与传送。切片软件会将模型细分成可以打印的厚度，然后计算其打印路径，也就是得到分层截面信息，从而指导成型设备逐层制造。

设计模型文件转换为 STL 格式文件后，STL 将设计对象的数字形状转化为由成千上万个连锁多边形组成的"网格"所构成的虚拟表面里。STL 文件格式是设计软件和成型系统之间协作的标准文件格式，它的作用是将设计的复杂细节转换为直观的数字形式。一个 STL 文件使用三角面来近似模拟物体的表面，三角面越小其生成的表面分辨率越高，STL 文件的每个虚拟切片都反映着最终打印物体的一个横截面。STL 文件准备就绪，连接 CAD 和 CAM 的桥梁就已基本完成。成型设备的客户端软件读取 STL 文件，并将这些数据传送至硬件，提供控制其他功能的控制界面。硬件读取 STL 文件，读取数字网格"切"成虚拟的薄层，这些薄层对应着即将实际"打印"的实体薄层。切片、传送等功能多合一，即切片引擎功能一体化，似乎会成为 3D 打印设备前端软件不可避免的趋势。目前常用的切片软件有 Slic3r、Skeinforge、KISSlicer、Custom Open、Cura、magics 等。

(3) 叠层制造　收到控制命令后，物理"打印"过程就可以开始了。"打印"设备全程自动运行，根据不同的成型原理，在"打印"进行并持续的过程中，会得到一层层的截面实体并逐层粘结，这样完整实体就一层层地"生长"出来了，直至整个实体制造完毕（图1-6）。

(4) 后处理　由于成型原理不同，经"打印"成型的实体有时还需要进一步的后处理，如去除支撑、打磨、组装、拼接、上色涂装甚至二次固化等，以提高制品的质量。后处理之后，就可以得到原本的创意产品。

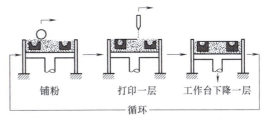

图1-6　叠层制造过程

2. 3D打印材料

材料是3D打印技术发展的重要物质基础，材料的丰富和发展程度决定着3D打印技术是否能够普及使用或者得到更大发展。从反面来看，材料瓶颈已成为制约3D打印技术发展的首要问题。打印材料的使用，受限于打印技术原理和产品应用场合等因素。3D打印所使用的原材料都是为3D打印设备和工艺专门研发的，这些材料与普通材料略有区别。3D打印中使用的材料形态多为粉末状、丝状、片层状和液体等。

目前，3D打印常用材料（表1-8）主要包括工程塑料、光敏树脂、橡胶类材料、金属材料和陶瓷材料等，除此之外，彩色石膏材料、人造骨粉、细胞生物原料，以及砂糖等食品材料也在3D打印领域得到了应用。据报告，现有的3D打印材料已经超过了200多种，但相对于现实中多种多样的产品和纷繁复杂的材料，200多种也还是非常有限的，工业级的3D打印材料更是稀少。

表1-8　3D打印常用材料对比

材料类型	举例	特点	应用领域
树脂		液态，具备成型快、高精度、防水、可用于铸造等特点 树脂材料3D打印制品	静态部件的外观、装配及热功能测试；要求优质表面的高分辨率部件；强光照射条件下的展览模型；后处理，包括涂装、粘合或金属喷镀等流程；运输中的模型；水龙头、管道和家用电器；热气和热水测试
	Somos 19120	粉红色材质，铸造专用材料。成型后直接代替精密铸造的蜡膜原型，避免开模风险，缩短周期，低留灰烬、高精度	熔模铸造工业
	Somos 11122	半透明材质，类ABS材料。抛光后能做到近似透明的艺术效果	广泛用于医学研究、工艺品制作和工业设计
	Somos Next	白色材质，类PC新材料，材料韧性较好，精度、表面质量、刚性佳	适合于功能性测试应用，以及对韧性有特别要求的小批量产品

(续)

材料类型	举例	特点	应用领域
工业塑料		强度、耐冲击性、耐热性、硬度、抗老化性均优的塑料	用于工业零件或外壳材料；汽车、家电行业；玩具模型
	ABS 类材料	无毒无味，呈象牙色，具有优良的综合性能，有极好的耐冲击性，尺寸稳定性好，电性能、耐磨性、抗化学药品性、染色性、成型加工和机械加工性能较好。缺点是热变形温度较低，可燃，耐候性较差 ABS 材料	ABS 是消费级 3D 打印用户最喜爱的打印材料，如用于打印玩具和创意家居饰品等 ABS 材质3D 打印制品
	PC 类材料	无色透明的无定性热塑性材料，具备高强度，耐高温，抗冲击，抗弯曲等工程塑料的所有特性，可作为最终零部件材料使用。使用 PC 材料制作的样件，可以直接装配使用。PC 材料的颜色较为单一，只有白色，但其强度比 ABS 材料高出 60% 左右，具备超强的工程材料属性 PC 材质	广泛应用于电子消费品、家电、汽车制造、航空航天和医疗器械等领域 3D 打印 PC 材质制品
	PC-ABS 复合材料	PC-ABS 兼具了 ABS 的韧性和 PC 的高强度及耐热性，使用该材料制作的样件强度较高 PC-ABS 黑色材质	大多应用于汽车、家电及通信行业。可用于手机外壳、计算机和商业机器壳体、电气设备、草坪园艺机器、汽车零件仪表板、内部装修，以及车轮盖等 PC-ABS 黑色3D 打印材质半成品

（续）

材料类型	举 例	特 点	应用领域
工业塑料	PLA类材料	一种可生物降解的材料，它的力学性能及物理性能良好，适用于吹塑、热塑等各种加工方法。还具有较好的相容性、良好的光泽性、透明度、抗拉强度及延展度等，制成的薄膜具有良好的透气性。相比ABS材料，PLA一般情况下不需要加热床，更易使用且更加适合低端的3D打印设备 PLA 材料	价格低，适合简单模型及教学用 PLA有多种颜色可供选择，而且还有半透明的红、蓝、绿，以及全透明的材料 3D打印PLA材质成品
工业塑料	亚克力 Acrylic 类材料	具有水晶般的透明度，用染料着色又有很好的展色效果。有良好的加工性能，既可以采用热成型，也可以用机械加工的方式。它的耐磨性接近于铝材，稳定性好，能耐多种化学品腐蚀。亚克力材料有良好的适印性和喷涂性，采用适当的印刷和喷涂工艺，可赋予亚克力制品理想的表面装饰效果	可以打印出牙齿模型用于牙齿矫正 3D打印亚克力材质成品
工业塑料	尼龙类材料	尼龙是一种耐冲击性大，耐磨耗性好，耐热性佳，高温下使用不易热劣化的材料。自然色彩为白色，但很容易上色。尼龙材料在加热后，黏度下降比较快	尼龙材料制品多用于汽车、家电和电子消费品领域 3D打印尼龙材质成品
金属	—	良好的力学强度和导电性	汽车、航空航天和国防工业上都将有很广阔的应用 3D打印金属材质成品

学习活动4　3D打印的应用

学习目标

1. 3D打印的应用范围、场合
2. 典型3D打印设备及厂商

学习过程

1. 3D打印的应用范围、场合

3D打印能做些什么？

3D打印技术已经发展近30年，它为传统制造业带来的改变是显而易见的。随着技术的发展，数字化生产技术将会更加高效、精准、成本低廉，3D打印技术在制造业大有可为。

（1）工业制造　3D打印技术在工业制造领域的应用不言而喻，其在产品概念设计、原型制作、产品评审和功能验证等方面有着明显的应用优势。运用3D打印技术能够快速、直接、精确地将设计思想转化为具有一定功能的实物样件，对于制造单件、小批量金属零件或某些特殊复杂的零件来说，其开发周期短、成本低的优势尤其凸显出来，使得企业在竞争激烈的市场中占有先机。

图1-7所示是福特汽车公司向福特汽车爱好者提供的3D打印福特汽车模型，并提供了打印数据供下载。3D打印的小型无人飞机、小型汽车等概念化产品已问世，3D打印的家用器具模型也被用于企业的宣传和营销活动中。

（2）医疗行业　3D打印技术在医疗领域发展迅速，市场份额不断提升。3D打印技术为患者提供了个性化治疗的条件，可以根据患者的个人需求定制模型假体，如假牙、义肢等，甚至人造骨骼也已成为现实。据英国媒体报道，2015年，天生右臂缺失的9岁男孩Josh Cathcart在医院装上了3D打印机械手（图1-8），通过简单的手势，机械手能够实现不同的持握动作，他可以像其他孩子一样生活和玩乐了。通过3D打印技术可以很容易得到病人的软、硬组织模型，为医生提供了准确的病理模型，帮助医生更好地了解病情，合理制订手术规划和方案。

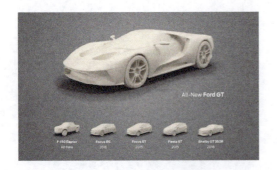

图1-7　福特汽车3D打印模型

图1-8　使用3D打印机械手持握积木的Josh Cathcart

另外，研究人员正在研究将生物3D打印应用于组织工程和生物制造，期望通过3D打印机打印出与患者自身需要完全一样的组织工程支架，在接受组织液后，可以成活，形成有功能的活体组织，为患者进行移植代替损坏的脏器带来了希望，为解决器官移植的来源问题提供了可能。尽管生物3D打印有如此诱人的应用前景，但也会涉及伦理和社会问题，这些都需要制定法律来加以限制。当然，这还只是一种设想，要想变为现实，还需要做很多的科研工作。

（3）航空航天，国防军工　航空航天领域会涉及很多形状复杂、尺寸精细且具有特殊性能的零部件和机构的制造。3D打印技术可以直接制造这些零部件，并制造一些传统工艺难以制造的零件。据一些媒体报道，一些战斗机、航母、民用飞机甚至美国NASA的航天器也正在使用3D打印技术。

罗尔斯·罗伊斯公司利用3D打印技术，以钛合金为原材料，打印出了首个最大的民用航空发动机组件，即瑞达XWB-97发动机（图1-9）的前轴承，是一个类似于拖拉机轮胎大小的组件。

全球四大航空发动机厂商陆续宣布将在不同领域使用3D打印技术，UTC下属的普惠飞机发动机公司宣布将使用3D打印技术制造喷射发动机的内压缩叶片，并在康涅狄格大学成立增材制造中心，霍尼韦尔则在其后宣布将使用3D打印技术构建热交换器和金属骨架。同为航空发动机四巨头的GE通用航空、罗尔斯·罗伊斯比普惠、霍尼韦尔两家公司对于增材制造技术的应用时间更长。

图1-9　瑞达XWB-97发动机

（4）文化创意，数码娱乐　3D打印独特的技术优势使得它成为了那些形状结构复杂、材料特殊的艺术表达很好的载体，不仅包括模型艺术品，甚至包括电影道具、角色等，如洛杉矶特效公司Legacy Effects运用3D打印技术为电影《阿凡达》塑造了部分角色和道具（图1-10），而3D打印的小提琴则接近了手工制作的水平。

（5）艺术设计　对于很多基于模型的创意DIY手办、鞋类、服饰和玩具等，3D打印技术也是手到擒来，可以很好地展示创意（图1-11、图1-12）。设计师可以利用3D打印技术快速地将自己所设计的产品变成实物，方便快捷地将产品模型提供给客户和设计团队观看，提供及时沟通、交流和改进的可能，在相同的时间内缩短了产品从设计到市场销售的时间，以达到全面把控设计顺利进行的目的。快速成型使更多的人有机会展

图1-10　Legacy Effects为《阿凡达》制作角色模型

示丰富的创造力，使艺术家们可以在最短的时间内释放出崭新的创作灵感。

3D打印企业实例

图1-11 3D打印的饰品

图1-12 3D打印人物手办

（6）建筑工程　设计建筑物或者进行建筑效果展示时，常会制作建筑模型。传统建筑模型采用外包加工手工制作而成，手工制作工艺复杂，耗时较长，人工费用高，而且也只进行简单的外观展示，无法还原设计师的设计理念，更无法进行物理测试。3D打印可以方便、快速、精确地制作建筑模型（图1-13），展示各式复杂结构和曲面，百分百还原设计师创意，并可用于外观展示及风洞测试，还可在建筑工程及施工模拟（AEC）中应用。有的巨型3D打印设备甚至可以直接打印建筑物本身（图1-14）。

图1-13 3D打印建筑模型

图1-14 亮相苏州的3D打印别墅

（7）教育　3D打印技术在教育领域也大有作为，可以为不同学科的实验和教学提供用于验证科学假设的模型。在北美的一些中学、普通高校和军事院校，3D打印技术已经被用于教学和科研（图1-15）。

图1-15 课堂上的3D打印演示

（8）个性化定制　3D打印技术可以使人们在提供模型数据的条件下，打印属于自己的个性化产品，电子商务可以在基于网络数据下载条件下提供个性化打印定制服务。当然，这也会涉及一些诸如知识产权等的法律问题，有待完善。

以上虽然罗列了3D打印技术应用的诸多方面，但是目前还有许多困难没有得到完美解决，限制了它的普及和推广。未来随着3D打印材料的开发，工艺方法的改进，智能制造技术的发展，新的信息技术、控制技术和材料技术的不断更新，3D打印技术必将迎来自身的技术跃进，其应用领域也将不断扩大和深入。

2. 典型设备及厂商

在形形色色的3D打印展会上，会看到形式多样，种类繁多的3D打印设备，有的在打印塑料玩具和工艺品，有的在制作轴承等机械零件。下文将从应用的角度来介绍工业级和桌面级的3D打印设备。

（1）工业级3D打印设备　工业级3D打印设备多应用于制造业的工业新产品设计、试制和快速制作模型等（图1-16），也可用于医疗行业某些特殊医疗器械的制造，建筑模型制作和创意产品玩具等的制作。

工业级3D打印设备有采用光固化成型法、喷墨成型法、热熔融树脂沉积法、粉末烧结法和利用树脂固定石膏法等各种方式的机型（图1-17）。以前这些设备还常被称为快速成型机。相对于传统制造，3D打印设备对原材料的损耗较小，可节省模具制造、锻压等的时间和资金成本。

成品大小、可使用的材料种类、叠加层厚度的细致程度等因素造成了工业级3D打印设备的市场价格差

图1-16　3D打印制作的机械模型

异。这些设备少则几万、十几万，多则几十万、上百万、千万，有些成型方式甚至只有上百万的高端机型才能实现。在日常工作和生活中，人们较少接触到工业级的3D打印设备。

从另一方面来讲，工业级3D打印设备代表着最前沿的3D打印技术，在工业机型上，新技术总是能最快地转化为生产力，实现商业价值，并反向推动3D打印技术的发展。这样一来在消费领域，更先进、更好用的3D打印设备也会被更快地推出。

 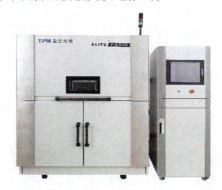

图1-17　工业级SLA 3D打印设备

(2) 桌面级3D打印设备　桌面级3D打印设备是面向普通大众、教育机构及爱好者等的设备系统（图1-18）。桌面级3D打印设备目前主要以FDM热熔融树脂沉积法和SLA光敏树脂固化两种技术为主，市面上的产品大部分以FDM技术为主，SLA的产品还相对较少。

桌面级3D打印设备对于3D打印知识的普及有很大的推动作用，相对于工业级设备来说，在价格上更加亲民，使得这些设备可以走进课堂甚至个人家庭，让更多的人认识3D打印，帮助做好科普工作，实现个人创意（图1-19）。

图1-18　MakerBot第五代桌面级3D打印设备　　　图1-19　桌面级3D打印设备及其产品

桌面级3D打印设备精度在0.1mm左右，打印出来的产品有很明显的分层感，而且比较粗糙，相对工业级可精确到几微米的精度，可以说相去甚远。在可打印材料方面，相对于工业级的涉猎广泛，桌面级3D打印设备目前能使用的材料还仅限于塑料，因此使用范围非常有限。而且对于个人家庭用户来说，打印物品前的数据建模和数据转换也是问题之一。这些桌面级设备普及的障碍也体现在了近年来的销售数据中。桌面级3D打印设备还需在未来发展上思考更多。

学习活动5　3D打印探秘任务评价

学习目标

1. 提高学习积极性，提升科技强国国策的认同感
2. 自主归纳、提炼知识，制作PPT
3. 学会正确客观地进行评价

学习过程

1. 参观3D打印企业，制作"3D打印探秘"PPT
2. 小组展示"3D打印探秘"PPT
3. 三方评价

→ **学习任务二**

3D 打印瓷鸣·手机共鸣音箱（SLA）

学习目标

1. 手绘、使用鼠标绘制产品概念图
2. 梳理设计，绘制三视图
3. 使用 NX 软件三维建模
4. 使用 Magics 软件数据处理
5. 操作 SLA 快速成型设备加工产品
6. SLA 快速成型产品后处理
7. SLA 快速成型设备维护及保养
8. 参观世界技能大赛训练基地或观看世界技能大赛比赛视频，了解世界技能大赛的作用及培养坚持不懈、精益求精、追求卓越的大赛精神，树立"大国工匠、振兴中华"的雄心壮志

工作情境描述

公司的主打产品瓷鸣·手机共鸣音箱的设计已接近了尾声，为进行进一步测试该产品的性能，公司要求测试部门进行计算机建模及快速成型，以方便进行测试，经研究决定利用 SLA 技术进行快速成型工作。

学习活动1 获取瓷鸣·手机共鸣音箱3D打印任务

学习目标

1. 阅读任务单，表述瓷鸣·手机共鸣音箱3D打印工作任务。
2. 参观世界技能大赛训练基地或观看世界技能大赛比赛视频，了解世界技能大赛的作用及培养坚持不懈、精益求精、追求卓越的大赛精神，树立"大国工匠、振兴中华"的雄心壮志。

学习过程

1. 组建团队及任务分工（表2-1）

表2-1 组建团队及任务分工

团队名称及LOGO	团队成员	工作任务

2. 发放任务单（表2-2）

表2-2 任务单

产品名称	瓷鸣·手机共鸣音箱	编号		时间	5天
序号	零件名称	规格	图形	数量/件	设计要求
1	瓷鸣·手机共鸣音箱		自行设计	1	1. 改变iPhone手机音箱放音方向，适应桌面欣赏 2. 放大iPhone音量
2					
备注	请在指定时间内完成		完成日期		
生产部经理意见	（同意生产）		日期		

3. 了解瓷鸣·手机共鸣音箱

瓷鸣·手机共鸣音箱（以下简称音箱，如图2-1所示）由「器道」品牌创始人李锋设计，获2013年德国红点设计概念奖，2015年获中国工业设计界最高奖——红星奖。用户在使用共鸣音箱时，只要打开手机的音乐，将手机放入音箱，手机播放的音乐通过声音入口进入共鸣腔，在此形成共鸣，从而增大了音量、加重了低音，并从左右两个出声口传出，进而使单孔出声的iPhone形成了立体声效果（图2-2）。

学习任务二 3D打印瓷鸣·手机共鸣音箱（SLA）

图 2-1 瓷鸣·手机共鸣音箱

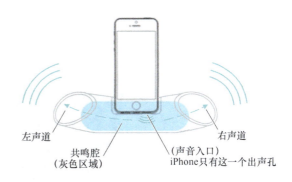

图 2-2 共鸣音箱原理示意

4. 材料的选择

从自然扩音效果和低碳环保的角度来考虑，音箱选择陶瓷材料制成。陶瓷质地坚实细密、表面光滑，敲击声清脆悦耳，具有独特的音质和音色，自古就是制作乐器的良好材料。但音箱从概念设计到产品制作，需要经过对形态、尺度、重心、出音孔朝向、手机的放置位置和角度进行反复计算和测试，而陶瓷器具制作工艺复杂、价格较高、制作时间较长，用作测试产品略显费时费力。

5. 3D打印的作用

3D打印模型用于测试，可以很好地解决这个问题。3D打印模型可以较为精准地还原设计细节，通过反复测试，可以帮助优化产品设计。同时在节约制作费用和时间成本上也有很大的优势，可以有效地提高设计效率，加快产品的实用化和商业化的进程。利用3D打印技术，可在产品开发过程中快速得到产品的样机，以提供设计验证与功能验证，检验产品可制造性和可装配性等。共鸣音箱结构相对简单，但需要较为光滑的表面，因此选择激光立体光固化（SLA）的快速成型方法来进行模型制造。

学习活动2　设计瓷鸣·手机共鸣音箱概念图

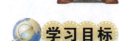

能根据需求进行产品设计

学习过程

1. 人机位置关系

在设计之初，首要考虑的就是音箱和使用者之间的位置关系。根据现实的使用情景分析，手机在使用音箱播放音乐的情况下，一般放置在桌面上，所以在设计音箱是要特别考虑人耳与声源的位置关系（图 2-3）。

可以看出：

1）声音的传播相对于人耳来说要倾斜_____（向上/向下）。

图 2-3　人机位置关系示意图

2）手机屏幕相对于人眼来说也要倾斜_____（向上/向下）。

2. 绘制概念图

根据以上分析的使用环境、条件，以及使用体验，绘制出概念图（表2-3）。

表 2-3　概念图绘制

参考概念图	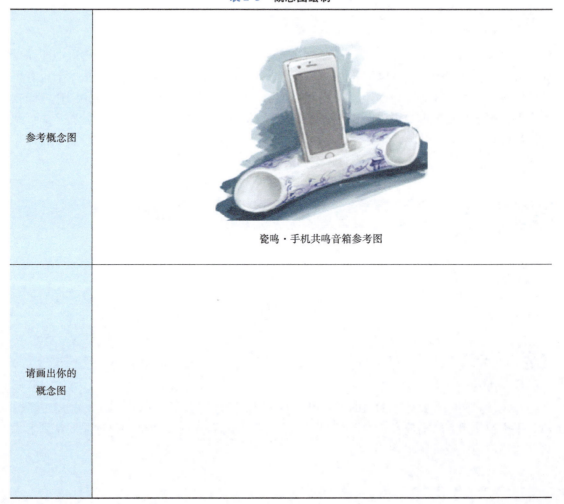 瓷鸣·手机共鸣音箱参考图
请画出你的概念图	

3. 概念图解析

剖析概念图，可以明确并最终形成对手机音箱组成和结构的设计（图2-4）。

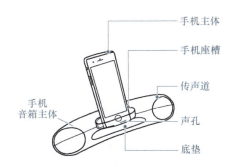

图2-4　手机音箱组成和结构的设计（参考图）

> **试一试**　本次设计的手机音箱包括：

1）手机座槽，作用是＿＿＿放置手机＿＿＿。
2）声孔，作用是＿＿＿＿＿＿＿＿＿＿＿。
3）声道，作用是＿＿＿＿＿＿＿＿＿＿＿。
4）底垫，作用是＿＿＿＿＿＿＿＿＿＿＿。

外形设计有两个关键问题：

（1）要满足用户收听的需求　根据用户使用环境分析，考虑到前述的设计构想和主题，手机音箱的外形应该采用＿＿＿＿＿＿（弧形/方形）外观，弧形由环形切割得到（图2-5）。切割的形状决定了声道的位置。

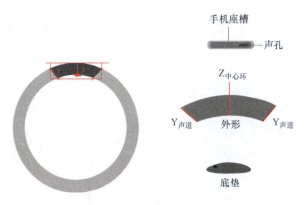

图2-5　手机音箱外形设计图

（2）满足稳固性的需求　手机音箱必须有一定的＿＿＿＿＿＿＿＿才能对准用户的耳朵，顺利听到音乐。考虑到手机音箱倾斜后就会造成不稳定，需增加底垫来稳定手机音箱，底垫的角度决定了手机音箱的倾斜＿＿＿＿＿＿＿。从 $Z_{中心环}$ 可以看出底垫和手机座槽所处的位置（图2-6）。底垫的位置巧妙地让手机音箱立起来，使传声道可以倾斜向上（图2-7）。

图 2-6　底垫和手机座槽的位置 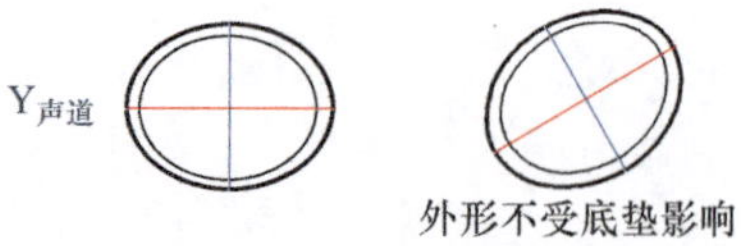　　　　　　图 2-7　声道位置设计

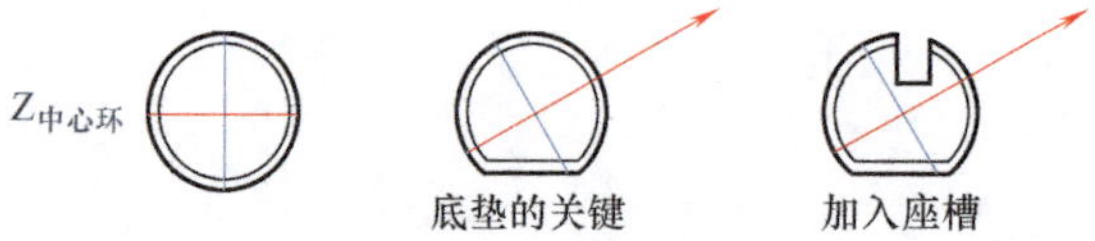

4. 绘制手机音箱三视图（表 2-4）

表 2-4　手机音箱三视图

位　　置	参　考　视　图
平放	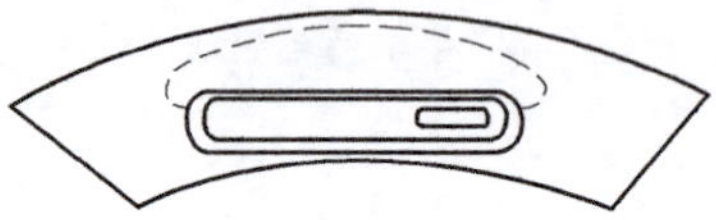
底垫作用	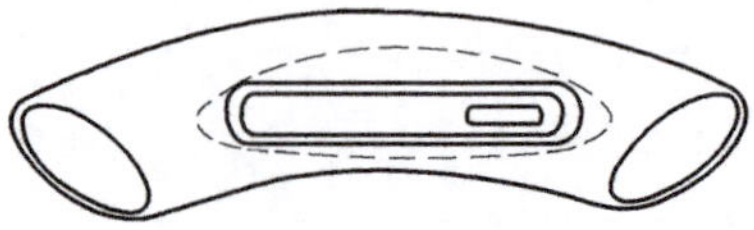
左视图	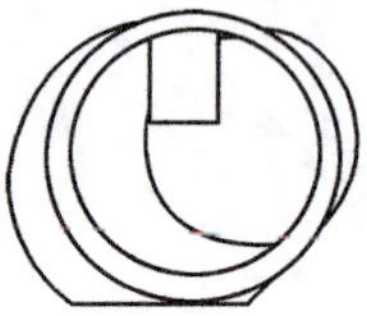
前视图	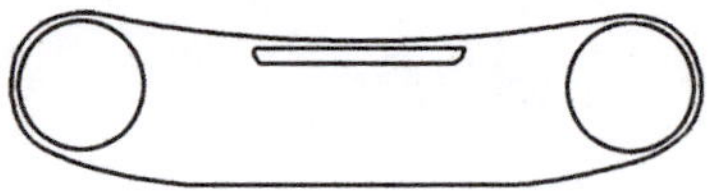
请草绘出设计的三视图	

任务拓展

本次课程结束后，有 iPhone 的同学觉得很开心，用其他品牌手机的同学觉得很不公平，请考虑一下，此设计是否只能用于 iPhone 呢？

**瓷鸣·手机共鸣音箱建模**

学习目标

能用 CAD 软件将瓷鸣·手机共鸣音箱设计理念表达出来

学习过程

1. 设计分析

特征建模实际上是一个仿真零件加工的过程，如图 2-8 所示，图中表达了零件加工与特征建模的一一对应关系。

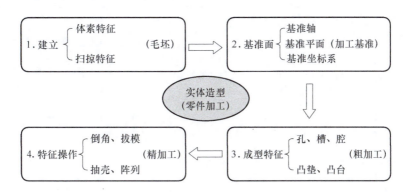

图 2-8 建模一般流程

实体建模就是利用实体模块所提供的功能，将二维轮廓图延伸成为三维的实体模型，然后在此基础上添加所需的特征，如抽壳、钻孔、倒圆角等命令。

本例是一个艺术造型的手机共鸣音箱。它的外形结构简洁，主要由音箱主体及中间的手机座槽组成，整体是一个空心的壳体，属于特殊类型的实体造型。

对于手机音箱的设计除了要用到实体建模操作命令外，还要运用草图、曲线造型命令才能完成。此外，在细节设计中，会遇到一些特殊的操作技巧，如基准平面创建、倒圆角、抽壳等方法。

依据产品 2D 图，可将手机音箱拆分如图 2-9 所示，由图可知其三维模型设计过程可按以下步骤进行：

1）创建手机音箱主体，其形状是一段弧形圆环。

2）创建手机座槽及音箱放置平面。

3）细节设计，主要包括抽壳、音响孔及圆角设计。
创建完成后的手机音箱模型如图 2-10 所示。

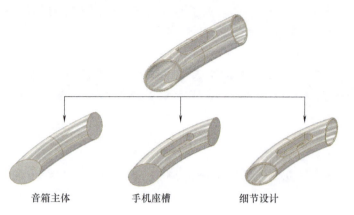

图 2-9　手机音箱拆分图　　　　　　图 2-10　手机音箱模型图

2. Inventor 常用命令（表 2-5）

表 2-5　Inventor 常用命令

命令及符号	说　　明	图　　例
创建二维草图	在零件的平面/工作平面上或部件的工作平面上创建二维草图	
直线	创建线和圆弧。单击起点和终点定义线，切线或垂线和圆弧需要连续的几何图元	
椭圆	指定中心点。使用光标指定第一个轴与圆心的距离。然后指定第二个轴与圆心的距离	

（续）

命令及符号	说　　明	图　　例
旋转	通过绕轴旋转一个或多个草图截面轮廓来创建特征或实体	
拉伸	通过将深度添加到开放或闭合的截面轮廓或面域来创建拉伸特征或实体	
分割	分割零件面、修剪和删除零件的剖面或将零件分割为多个实体	
抽壳	从零件内部去除材料，创建一个具有指定厚度的空腔	
圆角	为一个或多个边或面增加圆角或圆边	

3. 绘制过程（表2-6）

表2-6 音箱绘制过程图解

音 箱 主 体	
1. 选择YZ平面作为草图平面	
2. 在YZ平面上绘制草图	
3. 将绘制好的椭圆绕轴线旋转	
4. 得到实体后，将第一个草图共享	

（续）

	音 箱 主 体
5. 在环状物中心做工作平面	
6. 得到工作平面	
7. 做切割草图	
8. 将草图拉伸成切割面	
9. 用分割面分割实体	

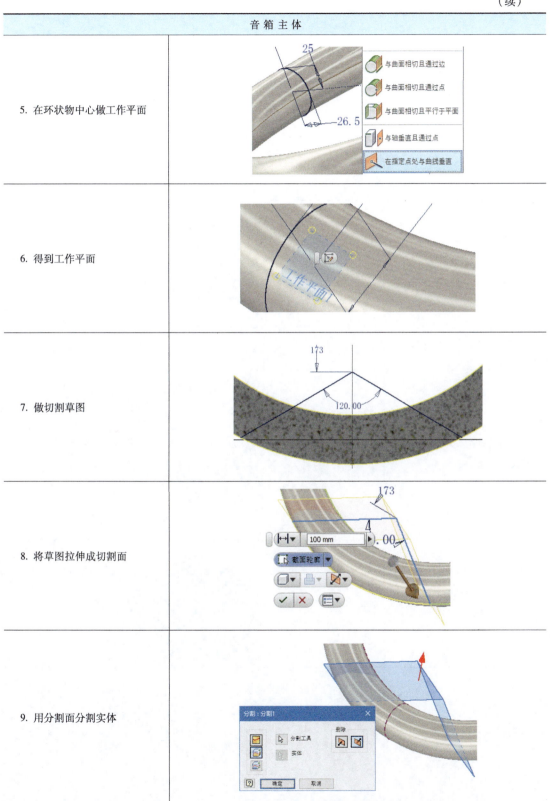

（续）

	音箱主体
10. 生成瓷鸣·手机共鸣音箱初步轮廓	
	手机座槽
11. 在YZ平面绘制底座草图	
12. 利用拉伸功能切割出瓷鸣·手机共鸣音箱底座	
13. 在YZ平面绘制手机座槽底面草图，拉伸成工作平面	
14. 拉伸后得到工作平面	

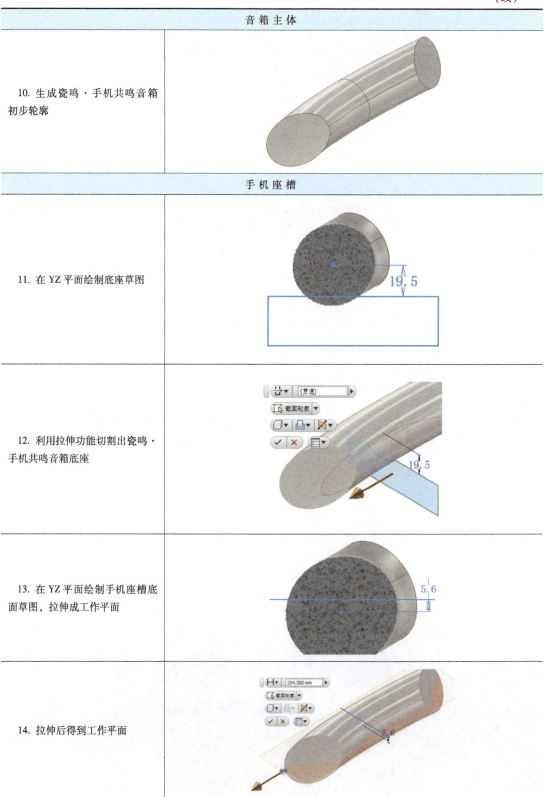

（续）

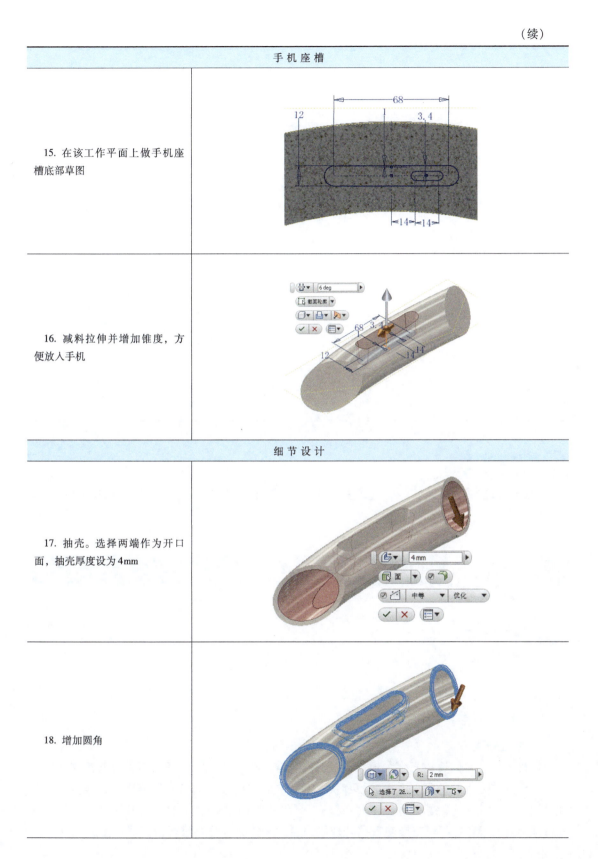

（续）

细节设计	
19. 减料拉伸出声孔	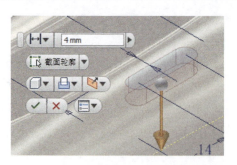
20. 完成	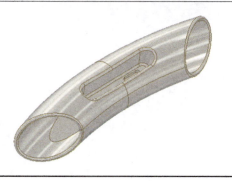

任务拓展

在绘制过程步骤 2 中，椭圆的轴线是否一定要倾斜呢？请讨论并尝试铅垂轴线的做法。

学习活动 4　瓷鸣·手机共鸣音箱数据处理

学习目标

应用 Magics 软件，处理数据

学习过程

1. 数据处理

设计完成，首先要将三维数模设计文件转化输出成快速成型设备能够运行的数据文件。

数模分层处理软件可以看做数模和快速制造之间的桥梁，拥有对数据检查、修复、优化和分层处理等功能。数据处理技术对数模进行分层处理，并将其处理成层片文件格式后送入 3D 打印设备，3D 打印设备接受数据处理后的层片文件即可开始进行快速成型制造。

2. Magics 软件

本例中使用的数据处理软件是比利时 Materialise 公司（图 2-11）推出的 Magics 专业 STL 文件处理软件。Magics 一直都是理想的 STL 文件解决方案，它为处理平面数据的简单易用性和高效性确立了标准，它提供先进的、高度自动化的 STL 操作，从步入 3D 打印行业以来依靠源源不断的创新，为工业产业，以及医疗应用做出了巨大贡献。

Magics 软件为广大用户提供了一个有效途径（表 2-7），可以大大缩小 3D 打印系统和关键应用之间的鸿沟，使用户的打印速度大大加快，尤其是在 3D 金属打印上。Magics 用户界面支持现有的所有文件格式，包括 voxels 和 .3MF，与各种企业软件解决方案都能良好地结合起来，例如 Streamics、各种类型的 Build 处理器、AMCP 增材控制平台等。另外一些模块提供更加高效、更先进的嵌套，更灵活的作业流程。通过软件将数模文件从模态结构转换成数字结构，接下来的操作都是在数字结构下进行的，而数据处理的方法及精度也直接影响成型件的质量。

图 2-11　Materialise 公司产品介绍

表 2-7　Magics 软件使用过程

操　作	说　　明	软件界面
导入文件	在 Magics 中导入设计数模，导入方式很简单	导入三维数据模型
检查修复	将音箱的数模放置在虚拟的加工平台上，打开修复向导，对零件的数模进行诊断和修复。三维数模从模态到数字的转化，会不可避免地产生一些错误，常见的错误有法向错误、间隙错误、特征丢失错误等。Magics 的修复向导功能强大，可以轻松修复翻转三角形、坏边、洞等各种缺陷，软件自动进行分析和修复，使之成为完好的 STL 文件	对导入数据进行诊断和修复

(续)

操 作	说 明	软件界面
零件摆放	作为单独制造的零件，音箱模型放置在加工平台中央即可，至于具体摆放角度和方向会根据零件结构及支撑结构来确定	音箱模型在加工平台上的初步摆放
生成支撑	在快速成型制造中，大多数零件都需要用到支撑。支撑的作用不仅仅是支撑零件提供附加稳定性，也是为了防止零件变形。零件变形可能是由于热应力、过热或者添加材料时刮板的横向扰动引起的，通过支撑结构，以最少的接触点完成热量传递，可以获得表面质量较好的零件，也方便零件的后处理	水平方向
	Magics 有自动生成支撑的功能模块，可以自动、简单、快捷地生成支撑结构，支撑的适用性和可靠性对于零件的最终表面质量至关重要	竖直方向
	在生成支撑前，需要设置零件的加工方向，加工方向决定着支撑的生成，而支撑会对表面质量带来影响，这一点在立体光固化中尤为明显。首先设置的是零件的加工底面	倾斜方向

（续）

操 作	说 明	软 件 界 面
生成支撑	以音箱较为平滑的底面作为设置底面水平放置，支撑水平架构在音箱底部，但是底部的支撑结构较薄且竖直放置，在制件取出和后处理时较难进行，不易移除，在去除支撑的过程中有破坏零件的风险	 水平方向放置的音箱模型的支撑结构
	以竖直方向放置，产生的支撑最少，有利于节省支撑材料，但是支撑相对不够稳定，可能会在加工过程中出现变形，也不是合适的选择	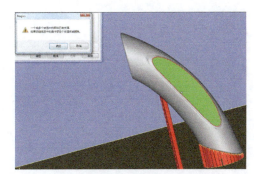 垂直方向放置的音箱模型的支撑结构
	综合以上两种方向的优点，选择一定角度倾斜放置音箱模型，增加底部支撑的厚度和宽度，提高支撑的稳定性。并且通过创建带角度的支撑，降低后处理的复杂性。重新选好底面后自动生成支撑结构	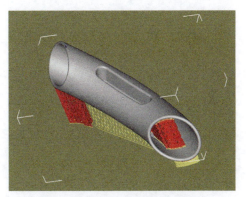 倾斜方向放置的音箱模型的支撑结构

3D打印企业实例

(续)

操 作	说 明	软 件 界 面
生成支撑	支撑创建完成后预览，观察支撑是否合理，如不合理要删除相关支撑，重新调整零件的摆放方向及角度，然后再次生成支撑预览，直至满意。Magics 还有支撑修改、增加、删除、查看等功能，使用者可以根据实际需求和经验对自动生成的支撑进行修改、删除等操作。支撑结构的类型有块类支撑、柱类支撑等多种，为用户提供更多的选择，依照实际需求和加工条件选择合适的支撑结构。支撑结构确认好后，要进行保存和输出的工作	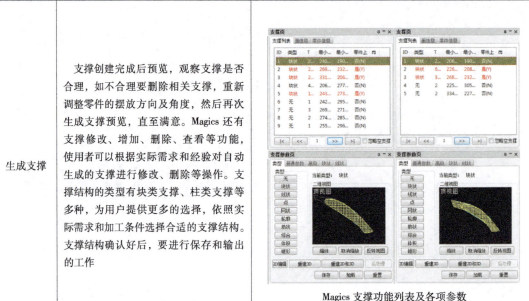 Magics 支撑功能列表及各项参数
切片处理	打开切片对话框，设置相关参数。修复参数采用默认值即可，不用改动。设置切片参数，其中切片厚度即激光成型每扫描一层固化的厚度，对话框中两处切片厚度的数据要保持一致。设置完毕后，可以预览整个加工过程，确认无误后选择合适的保存位置保存生成的 *.cli 及 *_s.cli 两个文件，并将切片生成的文件按机器型号拷贝至相应的文件夹，至此整个数据处理过程完成	 Magics 切片功能对话框及相关参数

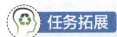 **任务拓展**

在学习活动 3 中，椭圆的轴线倾斜或者铅垂，对数据处理是否有影响呢？

学习活动5 瓷鸣·手机共鸣音箱快速成型

学习目标

1. 了解SLA技术的原理
2. 利用SLA技术打印瓷鸣·手机共鸣音箱

学习过程

1. 光敏树脂选择性固化打印技术简介

光敏树脂选择性固化（Stereo Lithography Apparatus，SLA）是最早被提出并商业化应用的快速成型技术。

1986年，美国的Charles W. Hull博士首次在他的博士论文中提出用激光照射液态光敏树脂，固化分层制作三维物体的快速成型概念，并申请了专利。

2. SLA工作原理（表2-8）

表2-8 SLA工作原理

工作原理	图示
SLA工艺是基于液态光敏树脂的光聚合原理工作的。树脂槽中注满成型用光敏树脂，激光器按给定的零件各分层截面的信息，对截面进行扫描，被扫描区域的光敏树脂发生光聚合反应而固化。一层固化完毕后，工作台下降，在涂覆机构（刮板）的配合下，在原先已固化的树脂表面上均匀地涂覆上一层新的液态树脂	打印机结构
激光束对新一层树脂进行扫描固化，使新固化的一层牢固地粘合在前一固化层上。重复以上步骤，直至零件制作完毕。使工作台上升，取出工件进行清洗、后固化，以及表面光洁处理后即可最终完成零件的制作	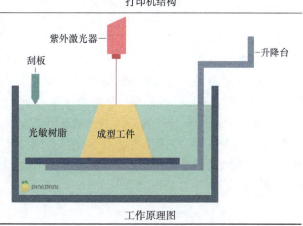 工作原理图

3. SLA 工艺特点（表2-9）

表2-9 SLA 工艺特点

优　点	
影响力	发展时间最长，工艺最成熟，应用最广泛。在全世界安装的快速成型机中，光固化成型系统约占60%
速度快	成型速度较快，系统工作稳定。从 CAD 设计到完成原型制作通常只需几个小时到几十个小时，加工周期短，相对于传统的制模到加工可节约70%以上时间
具有高度柔性	适应于加工各种形状的零件，制造工艺与零件的复杂程度无关，无需专用夹具或工装即可完成制造过程
精度高	能制作非常精密的结构，包括多种薄壁结构。每层固化时侧面及曲面可能出现台阶，但整体仍能呈现玻璃状的效果，可以加工结构外形复杂或使用传统手段难于成型的原型和模具
表面质量好	表面质量好（表面粗糙度 Ra 值小于 $0.1\mu m$），比较光滑，适合做精细零件
集成化	成型过程高度自动化，后处理简单（点支撑，易去除） 材料利用率接近100%
缺　点	
需要设计支撑结构	支撑结构需要未完全固化时去除，容易破坏成型件
制造和维护成本较高	设备造价高昂，而且使用和维护成本较高。SLA 系统需要对液体进行操作的精密设备，对工作环境要求苛刻
轻微毒性	光敏树脂有轻微毒性，对环境有污染，部分人体皮肤有过敏反应
材料价格贵	树脂材料价格贵，但成型后强度、刚度、耐热性都有限，不利于长时间保存
成型件可加工性差	由于材料是树脂，温度过高会熔化，工作温度不能超过100℃，且固化后较脆，易断裂，可加工性不好。成型件易吸湿膨胀，耐腐蚀能力不强

4. 发展现状

目前研究 SLA 方法的有 3D Systems 公司、EOS 公司、Z Corporation 公司、CMET 公司、D-MEC 公司、TeijinSeiki 公司、MitsuiZosen 公司、西安交通大学和华中科技大学等。

美国 3D Systems 公司的 SLA 技术在国际市场上占的比例较大。自1988年推出 SLA-250 机型以后，该公司在技术上有了长足进步，近几年推出的 SLA-5000 和 SLA-7000 机型使用半导体激励的固体激光器，扫描速度分别达到 5m/s 和 9.52m/s，成型层厚最小可达 0.025mm。

5. SLA 设备及产品（表 2-10）

表 2-10　SLA 设备及产品

说　明	图　示
联泰三维 RS6000 3D 打印机采用振镜扫描技术，扫描速度快，加工效率高，负压吸附式刮板，涂层均匀可靠，扫描路径自动化，自动工艺参数，具备便拆式工作台，操作方便	
打印效果	音箱面板设计验证

6. 成型材料

成型材料主要有四大系列：

Ciba（瑞士巴塞尔）公司生产的 CibatoolSL 系列。

Dupont（美国杜邦）公司生产的 SOMOS 系列。
Zeneca（英国捷利康公司）公司生产的 Stereocol 系列。
RPC 公司（瑞典）公司生产的 RPCure 系列。

7. 快速成型过程（以音箱为例，表 2-11）

表 2-11　音箱快速成型过程

说　　明	图　　示
得到切片数据后，即可转入快速成型设备开始加工了。将切片数据导入 SLA 快速成型设备。可先在设备上模拟整个零件制作过程，再次检查是否有不当之处以便及时修改，还可以看到系统预估的加工时间，方便安排生产	 SLA 快速成型设备操作系统界面
整个 SLA 快速成型过程几乎不需要人工操作，点击"开始"即开始加工，设备系统界面实时反映总加工高度、当前加工高度、支撑速度、填充速度、轮廓速度及扫描线间距等参数，方便操作人员实时监控加工过程。在加工平台上，可以清晰地看到激光的扫描路线	 音箱 SLA 快速成型加工平台现场
另有形象化的加工进程演示界面，直观展示当前加工状态，以便及时发现有无加工失误之处，可以及时暂停。光敏树脂经激光照射固化，层层叠加成型，最终制成产品	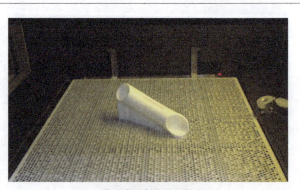 SLA 快速成型制成的音箱产品

（续）

说　　明	图　　示
整个快速制造过程大约持续 4h 左右，大大节省了制造时间。快速成型的最后一步是沥干附着在表面的多余材料，转至后处理平台，等待进行去除支撑、清洗、二次光固化和打磨等后处理工序	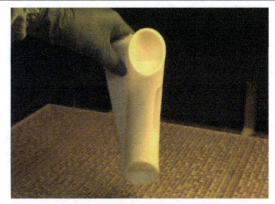 沥干附着在成型产品上的多余树脂

8. SLA 快速成型设备参数（表 2-12）

表 2-12　SLA 快速成型设备参数

案例名称		瓷鸣·手机共鸣音箱
成型方式		SLA
成型材料		光敏树脂 9000
快速成型设备	设备型号	上海联泰 RS6000
	成型方向	由下到上
	支撑结构和材料	有支撑，支撑材料和模型材料相同
	曝光原理	激光束在材料表面进行逐点扫描
	成型尺寸	600mm × 600mm × 400mm
	分层厚度	0.05 ~ 0.25mm
	成型精度	±0.1% × L
	激光功率	500 ~ 1000mW
	光斑直径	0.12 ~ 0.20mm
	扫描速度	6 ~ 10m/s
	外形尺寸	1460mm × 1250mm × 1900mm
成形设备提供商		上海联泰三维科技有限公司

瓷鸣·手机共鸣音箱后处理

掌握 SLA 产品后处理的方法

3D打印企业实例

 学习过程

快速成型得到初步产品后,还要对其进行必要的后处理工序才能得到最终的产品。

1. 去除支撑(表2-13)

表 2-13 去除支撑

说 明	图 示
音箱的支撑有外部的支撑和腔体内部对悬空部分的支撑。两部分支撑都是块状支撑,整体呈蜂窝形。去除支撑前先用酒精浸泡3~5min 外部支撑和部分内部支撑只需要用手轻轻掰掉即可去除	 手剥去除音箱外部支撑
处理支撑时要戴防护手套。内部悬空部分的支撑待酒精清洗时边洗边去除	 剥除音箱支撑体

2. 清洗(表2-14)

表 2-14 清洗

说 明	图 示
从快速成型设备上取下的产品表面附着有粘腻的光敏树脂,需要进行清洗,清洗剂一般使用95%的工业酒精。为了节约酒精和清洗彻底,一般施行3遍清洗。第一遍使用已多次使用过的酒精	 第一遍酒精清洗

(续)

说　　明	图　　示
用刷子、清洁布等对音箱的外表面和腔体内部进行大致清洗，之后用小刮刀除去音箱内部悬空部分的支撑	 用小刮刀去除内部悬空部分的支撑
去除所有支撑后，再次清洗。将表面的附着物大致清洗，再换较为干净的酒精进行二次清洗，并用小刮刀仔细地将内部悬空部分遗留的较难去除的支撑进一步去除干净	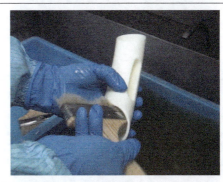 二次清洗
再换干净的酒精进行第三次清洗	 第三次清洗
清洗后用高压气枪冲刷干净。清洗剂可以循环使用，但一般也不超过3次，清洗过程中也要注意相关的防护措施，避免受到不必要的伤害	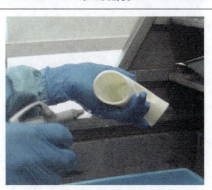 高压气枪冲刷

3. 二次固化（表2-15）

表2-15 二次固化

说　　明	图　　示
为保证树脂固化完全，有时会使用紫外线进行二次固化。把清洗干净的音箱模型放入紫外灯箱，固化 30~40min	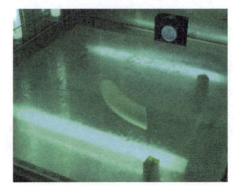 紫外灯箱二次光固化

4. 打磨（表2-16）

表2-16 打磨

说　　明	图　　示
固化完毕，再进行最后的打磨即可完成。打磨分为机器打磨和手工打磨，首先用砂纸进行手工打磨，对内外表面进行修整，然后再用喷砂机打磨音箱，修整手工不能触到的部分，对整个音箱进行最后的磨光 SLA快速成型制造的手机共鸣音箱加工完成	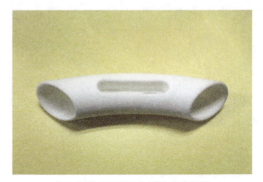 SLA快速成型制造的手机共鸣音箱

从三维数模到实物模型的快速制造，整个过程大约6h，相比传统制造制作模具再生产来说，大大节约了时间成本，且成型全过程可实现无人值守，也节约了人力成本。就产品本身来讲，本例中制作的音箱能够准确还原设计理念，可以看到SLA快速制造的音箱表面光滑细腻，质量高，细节还原精度高。经测试，光敏树脂材料制成的音箱同样具有共鸣放大声效的功能，即SLA快速成型方法制造的产品在功能上也达到了使用要求。

任务拓展

请根据自己的手机设计自己的手机共鸣音箱。

学习活动 7 瓷鸣·手机共鸣音箱任务评价

学习目标

1. 锻炼表达能力
2. 检验工作任务完成效果
3. 能够正确客观地进行评价

学习过程

1. **小组展示瓷鸣·手机共鸣音箱**（略）
2. **三方评价**（表 2-17 和表 2-18）

表 2-17　3D 打印文明生产评分表

日期		姓名		开始时间			总分	
地点		学号		结束时间				
事项	内容			现场记录			配分	得分
职业素养	遵守纪律			遵守□　迟到□　旷课□			5	
	完成任务表现			积极主动□　一般□　差□				
	工具、材料分区摆放			分区□　未分区□			5	
	工具摆放整齐、规范、不重叠			整齐□　一般□　差□				
	材料摆放整齐、规范、不重叠			整齐□　一般□　差□				
	防护镜、防护手套佩戴规范			规范□　不规范□			5	
	工作服、工作鞋穿戴规范			规范□　不规范□				
	注意安全、未受伤			注意□　一般□　不注意□				
	文明礼貌，尊重老师、同学			好□　一般□　差□				
	服从安排			服从□　不服从□			5	
	危险操作行为			有□　没有□				
	工作后现场清理、清洁			好□　一般□　差□				
	合理、正确使用工具			好□　一般□　差□				
现场记录	事故状态			过程记录			扣分	
	1. 轻微事故：违反操作规程者，给予警告 2. 一般事故：如工件破裂，一次扣 1 分 3. 严重事故：如工件移动或掉落，一次扣 2 分 4. 重大事故：如造成设备不能短时间修复或情节严重者，经老师监督终止本次作业							
提交作品	今收到提交作品一套，共_____件，其中成品_____件，半成品_____件，毛坯_____件。 本人对本表所填内容已经认真审阅，确认所填内容属实，无异议。 　　　　　　　　　　　　　　　　　　　　　　　学生签名：_____ 　　　　　　　　　　　　　　　　　　　　　　　老师签名：_____ 　　　　　　　　　　　　　　　　　　　　　　　企业专家签名：_____							

表 2-18　评价表

工作任务名称：

评价项目	考核内容	考核标准	配分	小组评分	教师评分	企业评分	总评
任务完成情况评定（80分）	任务分析	正确率100%　5分 正确率80%　4分 正确率60%　3分 正确率<60%　0分	5			注：此项企业只需填写总分	
	设计	合理　10分 基本合理　6分 不合理　0分	10				
	建模	规范、熟练10分 规范、不熟练5分 不规范　0分	10				
	数据处理	参数设置正确 20分 参数设置不正确 0分	20				
	打印成型	操作规范、熟练10分 操作规范、不熟练5分 操作不规范　0分 加工质量符合要求 20分 加工质量不符合要求 0分	25				
	后处理	处理方法合理　5分 处理方法不合理　0分 操作规范、熟练10分 操作规范、不熟练5分 操作不规范　0分	10				
职业素养（20分）	劳动保护	按规范穿戴防护用品	每违反一次，扣5分，扣完为止				
	纪律	不迟到、不早退、不旷课、不吃喝、不游戏					
	表现	积极、主动、互助、负责、有改进精神等					
	6S规范	是否符合6S管理要求					
总分							
学生签名			教师签名			日期	

3. 瓷鸣·手机共鸣音箱工作小结（略）

学习任务三

3D 打印无人机叶片（FDM）

学习目标

1. 阅读任务单，分析无人机叶片逆向打印设计工作任务
2. 分析无人机叶片的结构特点，确定合适的扫描仪，并能够进行扫描的标定
3. 能够叙述正向设计的流程
4. 掌握逆向设计的步骤，制订无人机组件的逆向设计方案
5. 能正确使用显影剂处理产品表面，能正确使用标志点对产品进行标定，能使用扫描仪对产品进行数据采集
6. 掌握 Geomagic Studio 优化点云数据的方法，能导出点云数据
7. 能导入 STL 文件
8. 能运用 Geomagic DesignX 软件的坐标系建立和领域组功能
9. 掌握 Geomagic DesignX 软件的面片拟合、面片草图和曲面修剪功能
10. 掌握 FDM 打印技术的工作原理及 FDM 工艺的优缺点
11. 掌握 FDM 常用工艺材料，会使用 FDM 设备
12. 会制订工作方案，并正确排包
13. 会操作 FDM 快速成型设备
14. 掌握无人机叶片的后处理方法，会使用打磨机
15. 严格执行 6S 管理规定，检验工作任务完成效果，能够正确且客观地进行评价

3D 打印企业实例

工作情境描述

某玩具公司新开发了一款无人机,在测试的过程中发现,如果机翼在飞行过程中碰到障碍物,机翼就会损坏,公司测试人员想利用逆向设计,打印出多副机翼,以便测试过程中能及时更换,便委托 3D 打印中心某高级工程师负责此任务。高级工程师依据产品要求制订设计任务书,明确产品材料要求、加工工艺要求,并将此任务交付助理工程师具体实施。

助理工程师仔细阅读产品任务书,依据设计任务书和逆向设计模型确认使用材料为 ABS,并根据要求制订逆向设计打印流程,填写设计任务书文档,通知逆向设计设备管理部门,安排扫描,建模设计,排包生产打印,后续处理检测,完成后交付测试部门使用并获得反馈。

学习活动 1　获取无人机叶片逆向打印任务

 学习目标

1. 阅读任务单,分析无人机叶片逆向打印设计工作任务
2. 分析无人机叶片的结构特点
3. 确定合适的扫描仪,并能够进行扫描仪的标定

 学习过程

1. 组建团队及任务分工(表 3-1)

表 3-1　组建团队及任务分工

团队名称及 LOGO	团队成员	工作任务

2. 发放任务单(表 3-2)

表 3-2　任务单

产品名称	无人机叶片	编号		时间	4 天
序号	零件名称	规格	图形	数量/件	生产要求
1	无人机叶片		图 3-1	4	1. 按产品原型 1∶1 复原，满足飞行要求 2. 无人机叶片不变形 3. 组件能装配到无人机上
2					
备注	请在指定 时间内完成	完成日期			
		生产数量/套			
生产部 经理意见	（同意生产）	日期			

图 3-1　无人机叶片实物

3. 任务分析

1）加工产品名称_____，数量_____，完成时间为_____天。

2）此产品无人机叶片是_____（A. 机翼　B. 保护翼）。

3）此产品材料是_____。

4）表面颜色是否需要使用显影剂？为什么？

_____

5）根据产品特征，你会选用_____采集产品的数据（A. 结构光三维扫描仪　B. 关节臂扫描仪　C. 手持式激光扫描仪）。

6）本产品的生产要求有哪些？

_____

_____

4. 扫描仪的标定

根据任务的分析，对于产品的数据采集需要选用三维扫描仪，三维扫描仪系统组成如图 3-2 所示，通过测头（图 3-3）上的光栅发射器投射光栅；两架 CCD 相机用于拍摄图像。

对于光学系统来说，光学测量设备的制造和装配必然存在误差。标定是根据扫描仪的特性，对扫描仪精度进行检测。所有的扫描仪都需要标定。

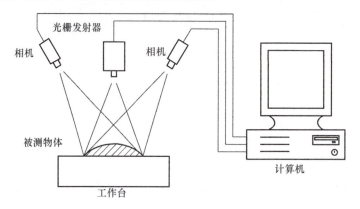

图 3-2　三维扫描仪系统组成

使用过程中，应避免扫描系统发生碰撞，造成不必要的硬件系统损坏或影响扫描数据质量；禁止碰触相机镜头和光栅投射器镜头；测头扶手仅在通过云台对扫描头做上下、前后、左右调整时使用，严禁在搬运测头时使用此扶手。

1）如图 3-4 所示，①所指为控制云台的螺杆，可以调节云台_____旋转。
2）如图 3-4 所示，②所指为控制云台的螺杆，可以调节云台_____旋转。
3）如图 3-4 所示，③所指为控制云台的螺杆，可以调整云台_____旋转。
4）如图 3-4 所示，④所指为固定_____的两个螺钉，用来把_____固定到云台上。

图 3-3　测头

图 3-4　测量云台

扫描仪标定步骤见表 3-3。

表 3-3　扫描仪标定步骤

步　骤	步骤图解
1. 摆放标定板 如图的摆放是否正确？为什么？	

(续)

步　　骤	步骤图解
2. 调整测头的位置 测头要摆正，左右偏差不要太大 对中十字线 尽可能多地看到标定板的小点	
3. 根据标定提示，调整标定板的角度、测头的角度、测头的高度，完成 21 个位置的测量标定	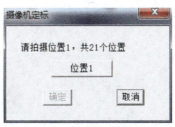
4. 结果保存 如果定标精度在合格范围内，单击"确定"按钮，系统会对摄像机进行定标。定标结果文件为". \CalibData"目录下的 camera. bin 文件	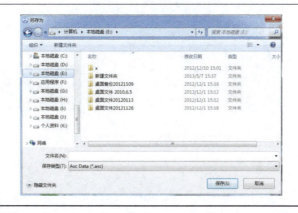

 制订无人机叶片设计方案

学习目标

1. 能够叙述正向设计的流程
2. 掌握逆向设计的步骤
3. 制订无人机组件的逆向设计方案

3D打印企业实例

学习过程

1. 正向工程技术简介

正向开发就是从市场调研开始,是从无到有的过程,是从未知到已知,从概念到实物的过程,如图3-5所示。

2. 逆向工程技术简介

逆向工程(Reverse Engineering,RE)也称为反求工程、反向工程、抄数等,是一种产品外形设计的再现过程,是许多产品原创设计中的必要环节。逆向"从有到无"的过程,即根据已有的产品模型,利用三维几何数字化测量设备,准确、快速地测量出实物表面的三维坐标点。最后反向推出产品的设计数据,包括设计图样、数字模型,如图3-6所示,逆向工程过程中,实物逆向研究的主要内容包括几何形状反求、结构反求和材料工艺反求等。

请根据对图3-6的理解连线图3-7。

图3-5 正向工程开发路径　　　　图3-6 逆向工程过程

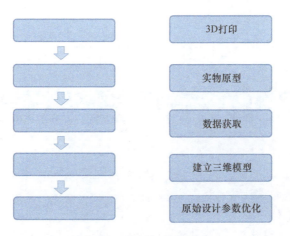

图3-7 逆向设计路径图

3. 制订无人机叶片 3D 打印方案（表 3-4）

表 3-4　无人机叶片 3D 打印方案

产品名称	无人机叶片	产品编号		数量/件	4	创建时间		创建人	
模型建立	选择：_____		A. 正向工程 C. SLS			B. 逆向工程 D. Polyjet			
打印技术	选择：_____		A. SLA C. SLS			B. FDM D. Polyjet			
打印设备	选择：_____		A. TPM C. 上海联泰 RS6000			B. Objet500 Connex3™ D. Einstart 3D			
打印材料	选择：_____		A. Vero 系列 C. ABS			B. FullCure D. PLA			
前端处理软件	选择：_____		A. Slic3r C. Objet Studio™			B. SolidView/Pro RP D. CustomProprietary			

学习活动 3　采集无人机叶片模型数据

 学习目标

1. 能正确使用显影剂处理产品表面
2. 能正确使用标志点对产品进行标定
3. 能使用扫描仪对产品进行数据采集
4. 掌握 Geomagic Studio 优化点云数据的方法
5. 能导出点云数据

 学习过程

1. 无人机叶片扫描前的准备

（1）喷粉　观察发现无人机叶片表面为白色镜面漆材质，在不喷粉的状态下也可进行扫描，但如果喷涂一层显像剂扫描，扫描出的点云效果较好，所以我们选择喷薄薄一层显像剂。

请观察图3-8，列出喷粉的注意事项：

1）如图3-8所示，喷粉时两者之间的距离为_____（30cm 40cm 50cm）。

2）如图3-9所示，喷涂表面要_____（厚且均匀 薄且均匀 无所谓）。

图3-8 显影剂的喷涂

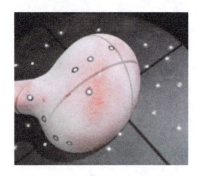

图3-9 显影剂的喷涂效果

（2）粘贴标志点 因要求为扫描整体点云，所以需要粘贴标志点，以进行拼接扫描。

请根据标志点粘贴注意事项，观察图3-10回答问题。

1）标志点尽量粘贴在<u>平面区域</u>（平面区域 陡峭区域）或者<u>曲率较小</u>（曲率较小 曲率较大）的曲面，且距离工件边界较远（远 近）一些。

2）标志点粘贴要成为_____（三角形 四边形 直线），且不要粘贴对称。

3）公共标志点至少为<u>3</u>（3、4）个，但因扫描角度等原因，一般建议以5~7个为宜；标志点应使相机在尽可能多的角度可以同时看到。

4）粘贴标志点要保证扫描策略的顺利实施，并使标志点在长、宽、高均等。

图3-10 粘贴标志点

2. 无人机叶片扫描（表3-5）

根据任务要求，本次扫描采用标志点拼接扫描。标志点拼接扫描是利用两次拍摄之间的公共标志点信息来实现对两次拍摄数据的拼接。使用标志点前，要对待测物体进行分析，在需要、合适的位置上贴上标志点，通过多次扫描及拼接得到需要的数据。

表3-5 无人机叶片扫描步骤

步　骤	步骤图解
1. 打开左右拍摄场景及光栅视窗	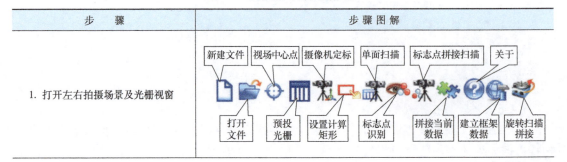

(续)

步　　骤	步 骤 图 解
2. 新建工程 单击"新建工程"后，在弹出的对话框中选择需要的模式、建立工程目录、输入工程名称	
3. 点扫描控制 摆放扫描产品到扫描区域。投射十字光标在物体上，观察左右镜头视窗，使光标都在中心位置以确定合适的物距。如图所示红色的为相机本身显示的十字线，黑色的为光栅机投射出的十字线，当两个十字线重合时，光栅机到被测物的距离最合适	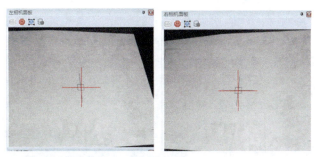
4. 调整相机曝光时间和增益强度 　曝光时间调节：通过软件来调整相机的曝光时间，曝光时间调节是调整整幅图像的亮度。但曝光时间不可随意调节，需按照技术人员的指导设定数值 　增益强度调节：增益调节用来调整图像的亮度、对比度。在不同物体颜色、不同外界光照条件下，通过调整增益能得到令人满意的图像效果	
5. 扫描测量 选择菜单"测量及拼接"/"标志点拼接扫描"或单击图标。扫描时，系统将在物体上投射一系列光栅，在相机视场中会有实时显示；根据需要变换物体的位置或改变扫描仪的位置，单击"扫描"，完成后单击"拼接"，如此反复，直到将整个物体扫描完成	

(续)

步骤	步骤图解
6. 结果保存 扫描完成后，在点云显示窗口右击，选择"导出所有点云"，弹出如右图所示对话框	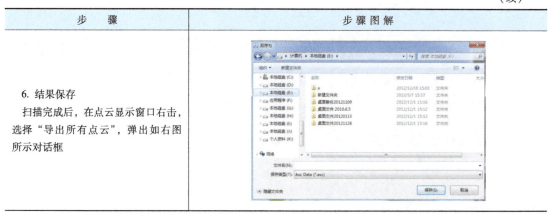

3. 扫描数据优化

Geomagic Wrap 所提供的功能强大的工具箱能够将 3D 扫描数据转换为 3D 模型用于下游处理。Geomagic Wrap 拥有强大的点云处理能力，能够快速完成点云到三角面片的过程；软件简单易学，应用于艺术、雕塑、考古、医学、玩具等自由曲面的领域。当启动 Geomagic Wrap 软件后，将会出现如图 3-11 所示的应用界面。请在空白处填写该界面的几个部分。扫描数据优化步骤见表 3-6。

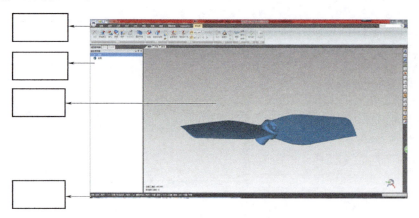

图 3-11　Geomagic Wrap 操作界面

表 3-6　扫描数据优化步骤

步骤	步骤图解
1. 点云优化处理 去掉扫描过程中产生的杂点、噪声点 将点云文件三角面片化（封装），保存为 STL 文件格式	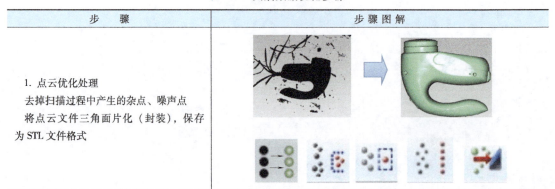

（续）

步　骤	步　骤　图　解
2. 多边形优化处理 将封装后的三角面片数据处理光顺、完整 保持数据的原始特征	
3. 数据 .STL 文件导出	

学习活动4　建立无人机叶片模型

 学习目标

1. 能导入 STL 格式文件
2. 能运用 Geomagic Design X 软件的坐标系建立功能
3. 能运用 Geomagic Design X 软件的领域组功能
4. 掌握 Geomagic Design X 软件的面片拟合功能
5. 掌握 Geomagic Design X 软件的面片草图功能
6. 掌握 Geomagic Design X 软件的曲面修剪功能

 学习过程

1. 软件简介

Geomagic Design X 软件拥有强大的点云处理能力和逆向建模能力，可以与其他三维软件无缝衔接，适合工业零部件的逆向建模工作。

软件特点：

1）专业的参数化逆向建模软件。
2）基于历史树的 CAD 建模。
3）基于特征的 CAD 数模与通用 CAD 软件兼容。

Geomagic Design X 的用户界面如图 3-12 所示，比较直观、便于使用，而且是灵活、动态设计的界面。用户界面窗口和工具栏可以修改，可以使它们常显示或在工具条区域单击鼠标右键动态显示。

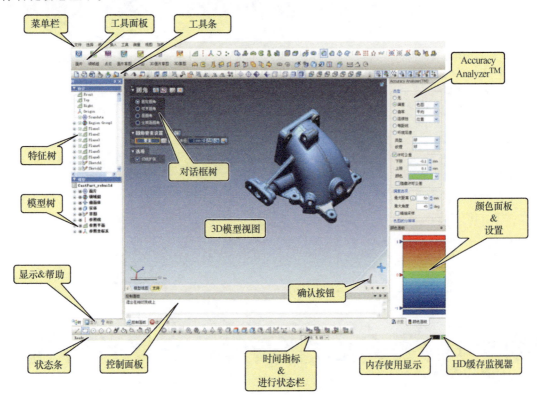

图 3-12　Geomagic Design X 的用户界面

2. 根据任务要求完成无人机叶片的三维建模（表 3-7）

表 3-7　无人机叶片的三维建模

步　　骤	步骤图解
1. 倒入 STL 格式数据 在 Geomagic Design X 菜单栏【插入】>【导入】，选择【仅导入】	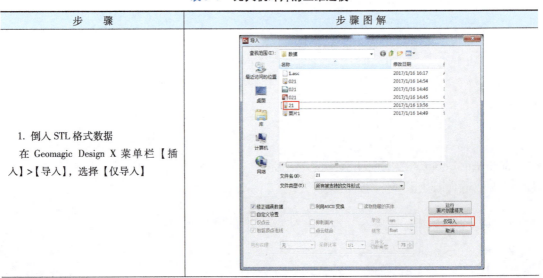

学习任务三 3D打印无人机叶片（FDM）

（续）

步　骤	步　骤　图　解
2. 领域组的划分 在菜单栏单击 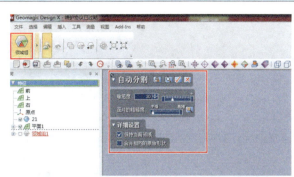 调整自动分割参数，完成领域划分。完成分割后需要根据领域组的分割结果，按产品的同一平面原则使用【合并】、【分离】等功能对领域组进行调整	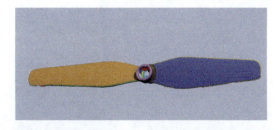
3. 建立坐标系 参照实物的装配位置，利用点线面建立坐标系 检查坐标系成功建立后，可以把之前创建的参照点及参照线删除，使模型树更便于操作	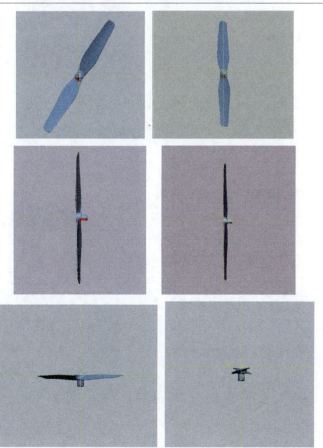

（续）

步　　骤	步骤图解
4. 叶片的构建 使用【面片拟合】功能构建叶片的上下两个面 请思考构建两个叶面时需要注意什么	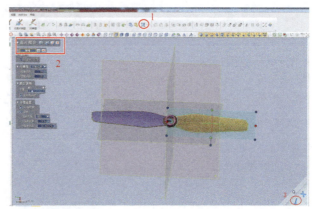
使用【面片草图】功能构建叶片的四周轮廓曲线	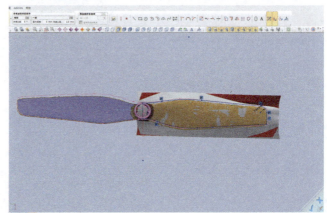
使用【曲面拉伸】功能构建叶片四周的曲面	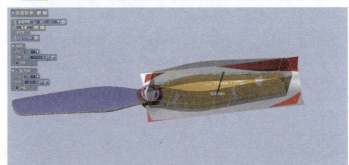
使用【修剪】功能完成曲面的修剪	

学习任务三　3D打印无人机叶片（FDM）

（续）

步　　骤	步骤图解
使用【缝合】功能完成曲面的缝合，生成实体	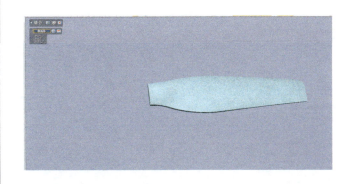
5. 连接圆柱的构建 使用【面片草图】功能完成上下两个圆柱体的构建	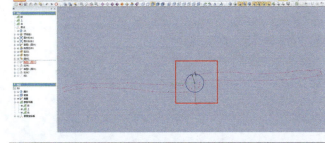
使用【圆形阵列】功能完成左右两个叶片的构建 思考：使用此功能时候需要做什么准备工作	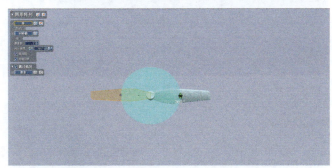
使用【布尔运算】功能完成圆柱体和叶片的结合	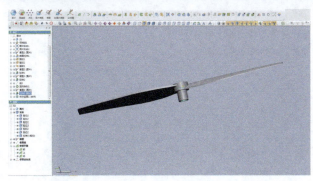

69

(续)

步　　骤	步骤图解
使用【圆角】功能完成圆柱体和叶片的结合	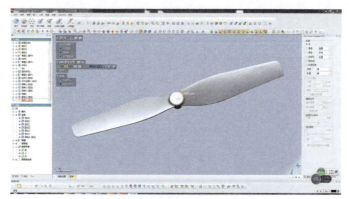
构建卡槽 使用【面片草图】、【拉伸实体】、【布尔运算】功能完成圆柱体上卡槽的构建	
6. 建模精度检查 根据任务书的精度要求使用【TM】功能完成对部件的分析	

(续)

步　　骤	步骤图解
7. 组件的导出 使用【输出】功能完成组件的输出（如右图所示） 思考：组件的输出数据格式选用原则是什么	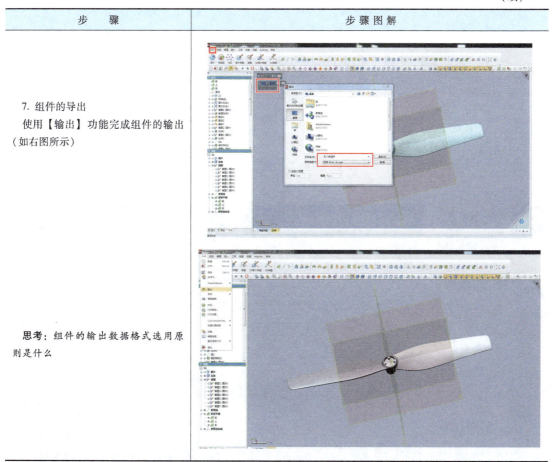

3. 根据无人机叶片的建模过程完成表 3-8

表 3-8　Geomagic Design X 中的功能介绍

模　式		介　　绍
		在面片模式中，可以修补并编辑面片境界与单元面/顶点。可以重新生成面片，以便用于 FEM（有限元）分析、加工、RP 等。也可以利用多种纹理编辑工具编辑面片的颜色和纹理
		在领域组模式中，可以自动将特征分割为彩色领域，也可以手动编辑领域组
		在面片草图模式中，可以根据面片创建 2D 草图，如直线、圆弧、圆等。创建的草图将用于创建实体或曲面
		在草图模式中，可以在没有面片的情况下创建 2D 草图，如直线、圆弧、圆等。该草图模式与其他三维 CAD 建模软件类似

模 式		介 绍
		在 3D 面片草图模式中，可以在面片上创建 3D 草图。曲线可自动投影到面片上
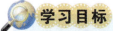		在 3D 草图模式中，可以在 3D 空间中创建 3D 曲线。这些曲线可以用于创建曲面或实体

学习活动 5　3D 打印无人机叶片

学习目标

1. 掌握 FDM 打印技术的工作原理及 FDM 工艺的优缺点
2. 了解 FDM 常用工艺材料，了解 SFDM 设备
3. 会制订工作方案，并正确排包
4. 会操作 SLS 快速成型设备

学习过程

FDM 是一种不依靠激光作为成型能源，而将各种丝材（如工程塑料 ABS、聚碳酸酯 PC 等）加热熔化，进而堆积成型方法。图 3-13 所示为运用 FDM 工艺打印出的产品。

成型材料：_____

制件性能：_____

主要用途：_____

图 3-13　运用 FDM 工艺打印出的产品

学习任务三 3D打印无人机叶片（FDM）

1. 工作原理（表3-9）

表3-9 FDM工作原理

说　　明	图　　示
FDM熔融挤压成型是将材料在加热喷头融化后，通过动轮挤压出来进行堆积，瞬间固化，堆积出实物	FDM工作原理图
Einstart 3D打印机携带方便、操作简单，只需要按几个按键，就可以很容易地制造出自己喜欢的模型。该打印机的原理是首先将打印材料高温熔化、挤出并迅速凝固，因而打印出的模型结实耐用	成型设备
FDM打印机使用的耗材——丝状热塑性材料，最常用的是ABS、PLA塑料	打印材料
优点： 1. 构造原理和操作简单，维护成本低，系统运行安全 2. 材料性能是主要优点，ABS原型强度可以达到注塑零件的1/3 3. 可以成型任意复杂程度的零件 4. 原材料利用率高，且材料寿命长，以材料卷的形式提供，易于搬运和快速更换 5. 支撑去除简单，无需化学清洗，分离容易 6. 多用于概念设计的三维打印机对原型精度和物理化学特性要求不高，便宜的价格是其能否推广开来的决定性因素 缺点： 1. 成型精度较低，成型件的表面有较明显的条纹 2. 需要设计与制作支撑结构 3. 成型速度相对较慢	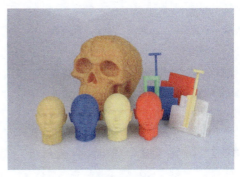 SLS工艺特点

2. 无人机叶片打印步骤（表3-10）

表3-10 无人机叶片打印步骤

步 骤	步 骤 图 解
1. 安装平台 放置平台，平台采用磁力吸附，只需将3个突出点对应下方的凹槽放下即可，确保平台放平 **思考**：为了便于分离打印件，我们可以在平台上加什么	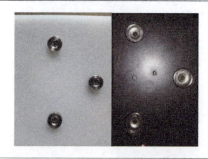
2. 安装打印丝 根据产品要求，选择打印材料的颜色，保证材料的头部整齐后，顺着打印机的送线管插入到打印喷头接线口 **思考**：如果打印喷头已经有打印线在里面，应怎样取出	   
3. 打印机初始化 开机：打开电源开关，长按"OK"键3s后，出现开机界面 菜单：开机后，直接按"OK"按钮进入"快捷操作"，如图所示 进丝：在"快捷操作"按"V"键开始进丝。到达设定温度后，进丝会自动开始，如图所示 停止进丝：当温度到达一定值后，会一直进丝。可以按"OK"停止，如图所示	  

(续)

步　骤	步骤图解
4. 导入无人机叶片模型 打开软件，单击"▢"导入打印机模型 按"✦"按钮：将模型移动到平台中心	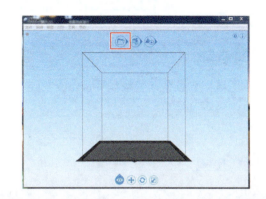 
5. 设置打印参数，生成打印路径 单击"✦"路径生成按钮，按钮对路径生成设置的参数进行配置。程序将根据上一次的设置来生成路径。默认设置下，程序将使用标准配置生成路径	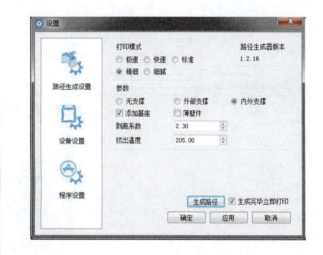
6. 打印 单击向导区的"✦"按钮，开始打印。开始打印后，界面将会更新，向导区将会增加"✦✦"按钮，状态与设置区将会增加"✦"按钮	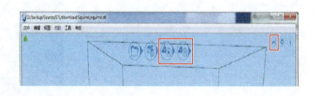

3D打印企业实例

学习活动6 无人机叶片后处理

学习目标

1. 掌握无人机叶片的后处理方法
2. 会使用打磨机

学习过程

无人机叶片属于薄壁结构,螺旋角度的叶面都是悬空的,采用逐层堆叠方式成型的3D打印技术必须遵循平衡原理,因此有些模型的打印为了保持平衡是需要支撑结构的。

一般情况下,支撑结构使用的材料与模型的材料是不同的,它采用的是容易去除的特殊材料。目前市面上3D打印机比较容易去除的支撑材料有:可以溶于水的凝胶状支撑材料、可溶于碱性溶液的支撑材料、可溶于酒精的支撑材料等。采用这些特殊材料作为支撑结构的3D打印模型,只要放入水、碱性溶液或者酒精等特定溶液中,就可以自行脱掉支撑了。借助小刀、钳子等工具人工去除支撑时,处理的时候要特别小心,以免损坏模型。毛边可以通过打磨抛光进一步处理。为了打印组件的平衡,需对打印件进行打磨处理。无人机叶片后处理步骤见表3-11。

表3-11 无人机叶片后处理步骤

步骤	步骤图解
1. 去支撑 支撑的情况跟打印时候的打印设置 **小提示**:由于叶片比较薄,部分支撑与叶面粘结在一起,可以用小刀小心去除。用小刀去除时,对于切除部分的操作要谨慎,以免对工件的结构造成变形破坏	 

（续）

步　骤	步骤图解
2. 打磨 **小提示**：由于叶片是安装到无人机机翼上的，是一个动平衡的组件，在打磨的时候需要注意左右两边的平衡，使得飞行更加平稳	 
3. 安装试飞 **小提示**：该结构是和无人机机翼的连接孔，六角形结构是与金属件连接一起的，处理的时候注意不能变形，不能过小也不能过大，注意装配间隙。叶片有两个不同旋向，安装的时候需按照说明书安装，避免设备损坏	 
在安装完成后，请在机身显眼位置绘制中国国旗，在绘制之前请你查找资料了解国旗的长宽比，填到右边的括号中，并能与其他同学分享国旗的由来，以及中华人民共和国成立时，在天安门广场是谁按下了升旗按钮	 （　　　　　）

学习活动 7　无人机叶片任务评价

学习目标

1. 严格执行 6S 管理规定
2. 检验工作任务完成效果
3. 能够正确且客观地进行评价

学习过程

1. **小组展示无人机叶片**（略）
2. **三方评价**（表 3-12 和表 3-13）

表 3-12　3D 打印文明生产评分表

日期		姓名		开始时间		总分	
地点		学号		结束时间			
事项	内容			现场记录		配分	得分
职业素养	遵守纪律			遵守□　迟到□　旷课□		5	
	完成任务表现			积极主动□　一般□　差□			
	工具、材料分区摆放			分区□　未分区□		5	
	工具摆放整齐、规范、不重叠			整齐□　一般□　差□			
	材料摆放整齐、规范、不重叠			整齐□　一般□　差□			
	防护镜、防护手套佩戴规范			规范□　不规范□		5	
	工作服、工作鞋穿戴规范			规范□　不规范□			
	注意安全、未受伤			注意□　一般□　不注意□			
	文明礼貌，尊重老师、同学			好□　一般□　差□			
	服从安排			服从□　不服从□		5	
	危险操作行为			有□　没有□			
	工作后现场清理、清洁			好□　一般□　差□			
	合理、正确使用工具			好□　一般□　差□			
现场记录	事故状态			过程记录		扣分	
	1. 轻微事故：违反操作规程者，给予警告 2. 一般事故：如工件破裂，一次扣 1 分 3. 严重事故：如工件移动或掉落，一次扣 2 分 4. 重大事故：如造成设备不能短时间修复或情节严重者，经老师监督终止本次作业						
提交作品	今收到_____小组提交作品一套，共_____件，其中成品_____件，半成品_____件。本人对本表所填内容已经认真审阅，确认所填内容属实，无异议。 学生签名：_____ 老师签名：_____ 企业专家签名：_____						

表 3-13　评价表

工作任务名称：

评价项目	考核内容	考核标准	配分	小组评分	教师评分	企业评分	总　评
任务完成情况评定（80分）	任务分析	正确率100%　5分 正确率80%　4分 正确率60%　3分 正确率<60%　0分	5			注：此项企业只需填写总分	
	逆向	合理　10分 基本合理　6分 不合理　0分	10				
	建模	规范、熟练　10分 规范、不熟练　5分 不规范　0分	10				
	数据处理	参数设置正确　20分 参数设置不正确　0分	20				
	快速成型	操作规范、熟练　10分 操作规范、不熟练　5分 操作不规范　0分 加工质量符合要求　20分 加工质量不符合要求　0分	25				
	后处理	处理方法合理　5分 处理方法不合理　0分 操作规范、熟练10分 操作规范、不熟练5分 操作不规范　0分	10				
职业素养（20分）	劳动保护	按规范穿戴防护用品	每违反一次，扣5分，扣完为止				
	纪律	不迟到、不早退、不旷课、不吃喝、不游戏					
	表现	积极、主动、互助、负责、有改进精神等					
	6S规范	是否符合6S管理要求					
总分							
学生签名		教师签名		日期			

3. 无人机叶片工作小结（略）

> **学习任务四**

3D 打印大象玩具摆件（Polyjet）

学习目标

1. 阅读任务单，能正确表述大象摆件 3D 打印工作任务
2. 对比多项 3D 打印技术优缺点，能分析并正确选择 3D 打印方法
3. 明确产品（大象摆件）要求
4. 能叙述 Polyjet 打印技术工作原理及工艺优缺点
5. 能叙述 Polyjet 常用工艺材料，了解 Polyjet 设备
6. 正确制订打印大象玩具摆件的工作方案和排包
7. 能应用 Objet Studio 软件处理数据
8. 能正确操作 Objet500 Connex3 快速成型设备打印大象玩具摆件
9. 掌握打印后的大象玩具摆件的后处理方法
10. 能够对设备进行清洗维护
11. 观看 2021 年云南西双版纳亚洲象群北迁事件相关视频，知道环境保护、人与自然和谐相处的重要性

工作情境描述

广州工贸激光技术有限公司生产部从市场部接到一份来自广州时尚玩具制造有限公司的加工订单，要求生产三色大象玩具摆件两件，作为该玩具公司秋季新品发布会展品。款式、尺寸、配色由客户提供 3D 模型图，交货期为 3 天。

生产工程师接到工作任务后，通过任务单了解并分析客户需求，根据客户提供的 3D 模型图，选择加工方法、材料、设备等，制订打印工艺，填写生产制造文档，排包、生产打印、后续处理及检测，完成后交付质检部验收确认。填写设备使用情况和维修记录。

学习任务四 3D打印大象玩具摆件（Polyjet）

学习活动1 获取大象玩具摆件3D打印任务

学习目标

1. 阅读任务单，能理解并表述大象玩具摆件3D打印工作任务
2. 对比多项3D打印技术优缺点，能分析并正确选择大象玩具摆件3D打印方法
3. 能正确分析产品（大象摆件）要求
4. 观看2021年云南西双版纳亚洲象群北迁事件相关视频，知道环境保护、人与自然和谐相处的重要性

学习过程

1. 组建团队及任务分工（表4-1）

表4-1 组建团队及任务分工

团队名称及LOGO	团队成员	工作任务

2. 任务引入

（1）播放2021年云南西双版纳亚洲象群北迁事件相关视频。
（2）分组用A3纸绘制本次亚洲象群北迁并回归的路线图

3. 发放任务单（表4-2）

表4-2 任务单

产品名称	大象玩具摆件	编号		时间	3天
序号	零件名称	规格	图形	数量/件	生产要求
1	大象玩具摆件		图4-1	1	1. 外形漂亮，细节细腻，色彩丰富（按图样要求）
2	大象玩具摆件		图4-2	1	2. 一次原型预组装（模型的各个部分一次成型，组装构成完整体，零件如图4-3所示）
3					3. 多色材料个性搭配（模型身体的三个部位各取不同颜色同时"打印"成型）
备注	请在指定时间内完成	完成日期			
		生产数量/套		2	
生产部经理意见	（同意生产）	日期			

81

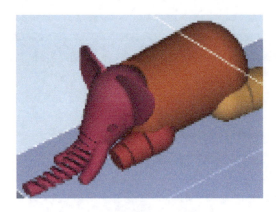
图 4-1 大象玩具摆件 3D 模型图（一）

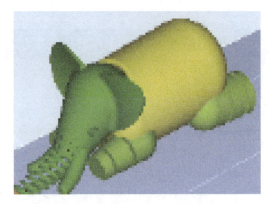
图 4-2 大象玩具摆件 3D 模型图（二）

图 4-3 大象摆件数模零件图

3. 制造要求分析

1）加工产品名称为_____，数量为_____，完成时间为_____天。

2）此产品为_____（A. 成品　B. 测试件）。

3）选择加工方法_____（A. 模具　B. 3D 打印）。

因为，_____（A. 模具　B. 3D 打印）生产过程费时费力，而且仅仅用于测试件的生产，显然并不经济。_____（A. 模具　B. 3D 打印）相比传统制造技术在样件测试领域优势显著，只需完整设计图样，即可直接制作零件，无需开模等中间过程，成型时间大大缩短。

使用_____（A. 模具　B. 3D 打印）技术单个或小批量生产零部件，既能节约开发成本，也可以缩短开发周期，是产品开发和模型测试的好帮手。

4）大象玩具摆件的生产要求：

_____

_____

根据以上制造要求分析，选择_____（A. SLS　B. FDM　C. SLA　D. Polyjet）3D 打印技术。因为，目前只有_____（A. SLS　B. FDM　C. SLA　D. Polyjet）技术能同时喷射多种功能材料，因此可以将各种特性甚至多种颜色融入 3D 打印模型和零件中，制造出颜色逼真，贴近最终产品实物的模型。且支撑材料可以用手或者喷水的方式很容易地清除，留下表面整洁光滑的成型工件，因此能够制作出光滑、精准的原形、部件和工具。该打印技术采用全新的三种材料喷射技术，可自动打印具有多种材料特性的复杂原型，无需进行组装。

学习任务四　3D打印大象玩具摆件（Polyjet）

 学习活动2　制订大象玩具摆件 3D 打印方案

 学习目标

1. 能叙述 Polyjet 打印技术工作原理
2. 了解 Polyjet 工艺优缺点
3. 能叙述 Polyjet 常用工艺材料
4. 了解 Polyjet 设备
5. 正确制订打印大象玩具摆件的工作方案和排包

学习过程

1. Polyjet 打印技术简介

　　Polyjet 技术是一种强大的增材制造方法，能够制作出光滑、精准的原形、部件和工具。Polyjet 聚合物喷射技术是以色列 Objet 公司（现在已与 Stratasys 公司合并）于 2000 年推出的专利技术，Polyjet 技术也是当前最为先进的 3D 打印技术之一。

（1）工作原理（表 4-3）

表 4-3　Polyjet 工作原理

原　　理	图　　示
Polyjet 技术的工作原理：与喷墨打印机类似，不同的是喷头喷射的不是墨水而是光敏聚合物。当光敏聚合材料被喷射到工作台上后，UV 紫外线灯将沿着喷头工作的方向发射出 UV 紫外线对光敏聚合材料进行固化。完成一层的喷射"打印"和固化后，设备内置的工作台会及其精准地下降一个成型层厚，喷头继续喷射光敏聚合材料进行下一层的"打印"和固化。这样一层接一层，直到整个工件"打印"制造完毕	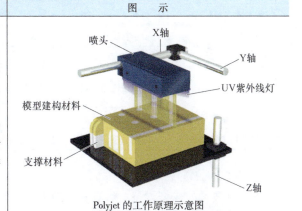 Polyjet 的工作原理示意图
工件成型过程：将两种不同类型的光敏树脂材料，分别用来生成实际模型和支撑。制作出的工件原形，可以立即进行搬运和使用，无需二次固化。支撑材料可以用手或者喷水的方式很容易地清除，留下表面整洁光滑的成型工件	 利用 Polyjet 技术成型的工件

(2) Polyjet 技术工艺特点(表 4-4)

表 4-4 **Polyjet 技术工艺特点**

优 点	
质量高	Polyjet 技术拥有行业内领先的 16μm 分辨率(即最薄层厚能达到 16μm)以超薄层的状态将材料叠加成型,可以确保获得流畅、精确且非常详细的部件与模型
精度高	使用 Polyjet 聚合物喷射技术的精密喷射与构建材料性能可保证细节精细与薄壁,能够带来很好的表面品质和细节
多色彩打印	目前先进的 Polyjet 系统能够同时喷射多种功能材料,因此可以将各种特性甚至多种颜色融入 3D 打印模型和零件中,制造出颜色逼真、贴近最终产品实物的模型,其他打印方式则无法完成
多种材料供选用	Polyjet 技术的成型设备材料选择余地大,可制作具有不同特性的模型与部件,包括灵活性、断裂延伸率,以及颜色等方面,开启了更广泛的应用范围。通过可用的最佳材料的通用性将有色的不同材料特性整合于一个模型
一次成型预组装(快捷)	全宽度上的高速光栅构建,可实现快速的流程,可同时构建多个项目,并且无需事后凝固。目前先进的 Polyjet 系统采用全新的三种材料喷射技术,可自动打印具有多种材料特性的复杂原型,无需进行组装
清洁快捷	Polyjet 系统设备提供封闭的成型工作环境,适合普通的办公环境,采用非接触树脂载入和卸载,容易清除支撑材料,容易更换喷头。得益于全宽度上的高速光栅构建,系统可实现快速流程,可同时构建多个项目,并且无需进行二次固化等后处理
缺 点	
需要支撑结构	需要支撑结构
耗材成本相对高	与 SLA 一样,使用光敏树脂作为耗材,成本相对较高
强度较低	由于材料是树脂,成型后强度、耐久度同 SLA 一样,都不是很高
应 用	
打印表面平滑、精致的最终用途零件	小批量制造工具、夹具和装配夹具
打印复杂模型	展览与交流模型
打印橡胶包裹层和覆膜	旋钮、手柄、拉手、把手、把手垫片、封条、橡皮软管、鞋类配件

2. Polyjet 工艺材料

Polyjet 技术的成型设备材料选择余地大,可制作具有不同特性的模型与部件,开启了更广泛的应用范围。Polyjet 系统可选的材料选项超过 180 个,包括 ABS 塑料,可对从刚性到柔性在内的所有类型材料进行 3D 打印。常用的 Polyjet 工艺材料见表 4-5。

表 4-5 **常用的 Polyjet 工艺材料**

材料种类		特 性
FullCure 模型及支撑材料	Vero 系列	刚性不透明
	Tango 系列	透明橡胶状,独特的树脂技术提供各种级别的弹性。TangoBlack:柔软的橡胶状柔性材料,用于需要很高柔韧性与弹性的领域;TangoGray:更坚硬的橡胶状柔性材料,用于需要一些弹性的领域

（续）

材料种类		特　性
FullCure 模型及支撑材料	FullCure 720 Transparent	坚固的丙烯酸树脂，平滑的透明琥珀色，可以给客户提供功能测试和分析、工程设计模型，可以着色、染色、浇注、机械加工、钻孔、真空成型及电镀
	FullCure 750 Support	无毒凝胶类光敏聚合物支持性材料，可用于加工复杂的几何形状，例如，悬挂和底切的模型的支持性材料
Digital Materials		由两种 FullCure 模型材料组成的复合型材料，具有特殊的浓度和结构成分，可以满足用户所需的机械特性，适用于前期测试的接近目标产品材料的模型材料
Endur		是一种高级模拟光敏树脂材料，能够经受高强度冲击，并能经受高温，且它的柔韧度也很好，打印表面质量佳，尺寸稳定性好，不易收缩。可打印容器、运动部件、咬合啮合部件等对强度要求很高的零部件

3. Polyjet 技术应用举例（表 4-6）

表 4-6　Polyjet 技术应用举例

产品类型	举　例
橡胶包覆和柔软防滑表面原型	 使用橡胶包覆 ABS 材料成型的防毒面具模型
透明、透明/不透明组合、半透明颜色模型	外部透明内部不透明的人脑模型
刚性和柔性材料混用制作模型	刚性和柔性材料混用的心脏模型

4. Polyjet 设备

根据 Polyjet 技术及打印任务的要求,选择美国 Stratasys 公司推出的 Objet500 Connex3 (图 4-4) 机型作为大象摆件的 Polyjet 成型设备。

Objet500 可提供全面建模解决方案,具有 $16\mu m$ 的高分辨率,采用三种材料喷射技术,可自动"打印"具有多种材料特性的复杂原型,制造具有光滑细致表面的精密模型。Objet500 属于 CONNEX 家族系列产品,能够同时"打印"多种模型材料,使其能"打印"零部件并在单个托盘中构建不同材料零件,其创建的复合型数字材料仿真度极为接近各种最终产品。

图 4-4　Objet500 三维打印成型系统

(1) 功能　Objet500 Connex3 是唯一能够使用一系列多材料组件(包括刚性、柔性、透明和耐用组件)创建颜色鲜亮原型的 3D 打印机,是彩色多材料 3D 打印机,允许将多达 46 种颜色整合入单个原型,从墨黑到日光黄、鲜艳的品红,以及数百种漂亮的混合色调。颜色可从十个调色板中选取,其中包括浓艳不透明和彩色玻璃般半透明的颜色,呈现明亮、可重复的颜色。

Objet500 Connex3 采用独特的三重喷射技术,结合三种基本材料,并有数百种色彩可选,制造的部件可谓色彩斑斓、软硬由心,这些都可一次打印完成,极大地扩展了 3D 打印的制造范围。用户可以无需组装及上色处理,大大节省了时间。它可以帮助产品制造商进行设计验证和在投产之前做出正确的决定,并把产品更快地推向市场。

(2) 应用　Objet500 Connex3 打印产品主要用于汽车、消费品和运动用品与时尚等行业,如图 4-5 所示。

图 4-5　Objet500 Connex3 打印产品样件展示

5. 制订大象玩具摆件 3D 打印方案（表 4-7）

表 4-7　大象玩具摆件 3D 打印方案

产品名称	大象玩具摆件	产品编号		数量/件	2	创建时间		创建人	
打印技术	选择：_____		A. SLA C. SLS			B. FDM D. Polyjet			
打印设备	选择：_____		A. TPM C. 上海联泰 RS6000			B. Objet500 Connex3™ D. ELITE P3200			
打印材料	选择：_____		A. Vero 系列 C. ABS			B. FullCure D. PLA			
前端处理软件	选择：_____		A. Slic3r C. Objet Studio™			B. Repetier-Host D. CustomProprietary			

学习活动 3　处理大象玩具摆件数据

学习目标

应用 Objet Studio 软件处理数据

学习过程

1. Objet Studio 前端处理软件简介

Objet Studio 是专为 Objet Connex 系列 3D 成型设备开发的，因此打印大象玩具摆件可由 Objet500 配套的 Objet Studio 前端处理软件来管理整个模型数据处理流程（图 4-6）。

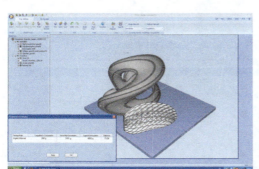
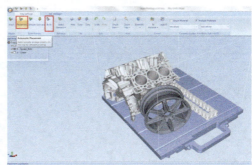

图 4-6　Objet Studio 界面

Objet Studio 支持将来自任何三维 CAD 应用程序的 3D 模型转换成"打印"设备使用的 STL 和 WRL 文件，包括颜色、材料和支撑布局等信息。这款软件提供简单的"点击并构建"的准备与打印托盘编辑功能，提供便捷的生产预估和完全的生产控制功能，包括队列管理。这款软件还具有强大的向导功能，方便并加快系统维护。Objet Studio 提供强大的多用户网络功能，将客户的整个设施转变为生产力极高而且用途多元化的三维模型运营。Objet Studio 能够自动布置托盘确保精确一致的定位，并自动实时生成支撑结构，即时切片打印。

2. 导入模型

Objet Studio 系统导入数据模型方便快捷，具体步骤见表 4-8。

表 4-8　导入模型步骤

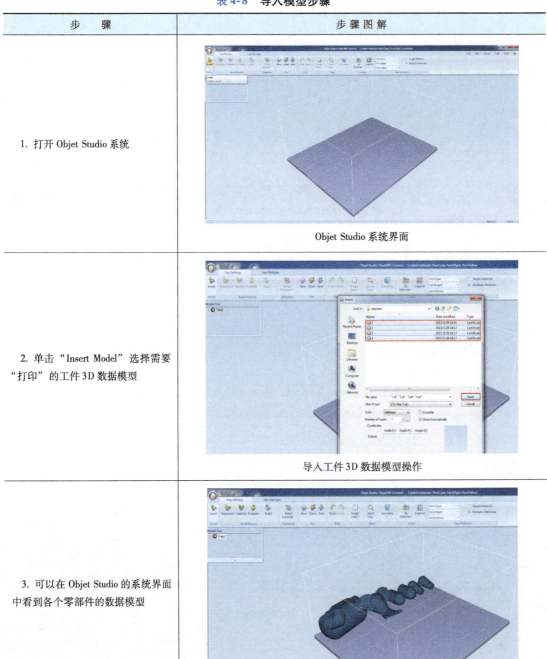

步　　骤	步　骤　图　解
1. 打开 Objet Studio 系统	Objet Studio 系统界面
2. 单击"Insert Model"选择需要"打印"的工件 3D 数据模型	导入工件 3D 数据模型操作
3. 可以在 Objet Studio 的系统界面中看到各个零部件的数据模型	工件 3D 数据模型导入托盘

（续）

步　　骤	步骤图解
4. 在 Objet Studio 中重新打开数据模型所在的文件夹，选中所有的零部件，并在"Insert"功能框中勾选"Assembly"选项 小提示：由于任务要求直接"打印"一个组装好的，腿部可灵活运动的一体化大象模型，因此不能在 Objet Studio 中导入"大象"的各个零部件，应先做虚拟组装后再导入	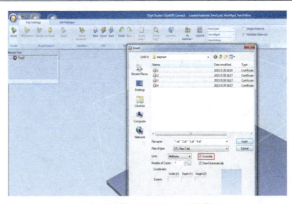 勾选"组装"选项导入组装模型
5. 系统对大象模型的零部件进行虚拟组装后导入系统托盘 小提示：导入的模型摆放在工作区内，一般先确定一批零件中大零件的位置，再调整小零件的位置，如果有薄壁零件，摆放时应靠近成型桶中心及整体的上部。零件与零件之间的距离必须大于3mm	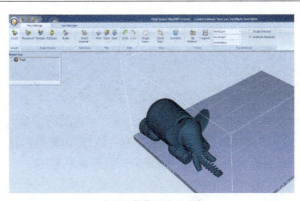 虚拟组装模型导入系统

3. 模型参数设置

为配合个性化生产，可以对模型的参数进行必要的设置和修正。参数设置步骤见表4-9。

表4-9　参数设置步骤

步　　骤	步骤图解
1. 导入工件后，单击"Estimate"功能，打开生产预估"Production Estimate"窗口，查看当前设置下工件的生产预估情况，包括打印模式、材料消耗和成型时间	 工件生产情况预估功能窗口

步　骤	步骤图解
2. 对于当前设置不满意时，切换至"Model Settings"功能栏，选中需要修改的工件如"Assembly1"，点击"Transform"对各项参数进行修改，如"Translate"（移动）、"Rotate"（旋转）和"Scale"（调整比例）等，如将"Assembly1"缩小比例至原模型的 0.5 倍，单击"Apply"确认	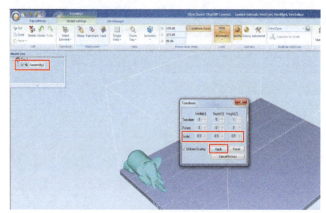 参数设置功能窗口
3. 参数修改完毕后，再打开"Estimate"对工件生产情况进行预估	

4. 生产预估

参数修改完毕后，再打开"Estimate"对工件生产情况进行预估，生产预估"Estimate"功能是 Objet Studio 软件对于快速成型生产状况的预测，实质上是 Objet500 系统所提供的三种打印模式对模型成型的影响。这三种打印模式包括 High Quality（高质量模式）、High Speed（高速模式）、Digital Material（数字材料模式），为各个领域的应用提供了不同的解决方案（表 4-10），三种模式之间可以轻松切换。

表 4-10　Objet Connex 系列打印模式参数

打印模式	支持层厚	构建尺寸
High Quality	16μm	12mm/h
High Speed	30μm	20mm/h
Digital Material	30μm	12mm/h

通过"Estimate"功能可对于不同打印模式下的成型精度、成型分辨率、成型材料和成型时间等进行预估。Objet Connex 系统能够按照不同的成型模式，自动进行实时的切片和生成支撑结构，并不需要独立的切片和生成支撑操作，减少了对操作人员经验的依赖，也避免了不必要的失误，这也是与其他数据处理软件的不同之处。最后，经过综合考量选取合适的打印模式。

5. 工件摆放

Objet500 的打印尺寸为 490mm×390mm×200mm，为提高加工效率，可以同时加工多个模型。打印工件摆放步骤见表 4-11。

表 4-11　打印工件摆放步骤

步　骤	步骤图解
1. 在"Model Tree"窗口选中已设置理想参数的虚拟组装模型，如"Assembly1"，使用简单的"Ctrl + C"和"Ctrl + V"命令即可实现同样参数设置的模型添加	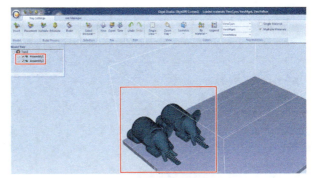 添加相同参数设置的模型
2. 打开"Tray Settings"功能栏，单击"Placement"自动排列 **小提示**：为了提升效率和平台空间的利用率，利用 Objet Studio 系统提供的自动排列功能可同时打印多个模型	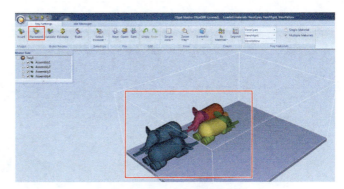 Objet Studio 中的自动排列功能
3. 再单击"Estimate"进行生产预估，可以手工调整以达到理想的位置排列	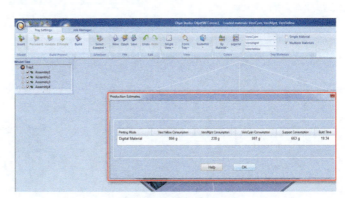 对自动排列进行生产预估

6. 选定材料和颜色（表4-12）

表4-12 材料和颜色设置步骤

步　　骤	步骤图解
1. 选中模型，在"Model Settings"中为各个零部件选定材料和颜色，在快捷功能栏中单击下拉菜单即可选择不同的成型材料，单击色彩选项弹出色卡，选择所需的颜色	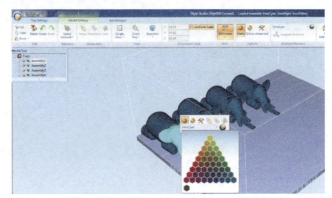 零部件选材和选色
2. 使用"Placement"功能将选定的模型自动排列并调整	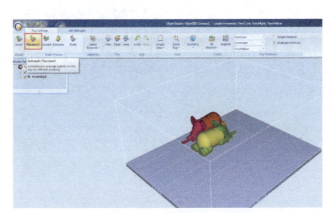 使用"Placement"功能自动排列选定模型 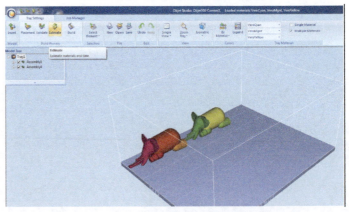 调整模型排列

（续）

步　骤	步　骤　图　解
3. 用"Estimate"功能再次预估生产情况，检查相关"打印"信息，所有参数、颜色和材质都核查完毕，单击"Validate"确认 小提示：打印大象玩具摆件选择 Digital Material 材料，6 种颜色"打印"两只大象模型	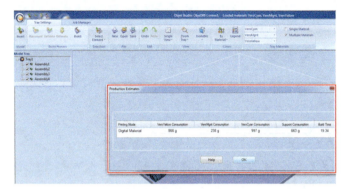 预估窗口"Production Estimate"

7. 创建项目（表 4-13）

表 4-13　创建项目步骤

步　骤	步　骤　图　解
1. 在打开的"Job Summary"窗口中，检查本次打印任务的基本信息（如打印材料和预计的成型时间等）。确认无误后，在"Tray Settings"中单击"Build"开始创建项目	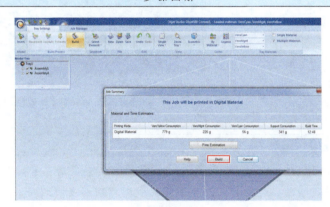 创建项目
2. 保存为 Objet500 可识别的数字文件格式，等待下一步的工作	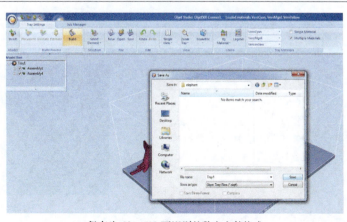 保存为 Objet500 可识别的数字文件格式

 **大象玩具摆件快速成型**

 学习目标

能正确操作 Objet500 Connex3 快速成型设备打印大象玩具摆件

学习过程

根据打印任务的要求，选择美国 Stratasys 公司推出的 Objet500 Connex3 3D 成型设备进行打印（图 4-7）。

图 4-7　Objet500 Connex3 3D 成型设备

小提示

Objet500 Connex3 在完成上一个"打印"任务后，开始下一个"打印"任务之前，要对设备进行清洁，并给料箱配备所需的成型材料和支撑材料。

1. 准备打印设备（表 4-14）

表 4-14　准备打印设备

步　骤	说　明	步骤图解
1. 清洁	擦拭喷头：戴好橡胶手套，用喷过清洁剂的软布轻轻擦拭设备的喷头，抹去残留材料	擦拭成型设备喷头

（续）

步 骤	说 明	步骤图解
1. 清洁	清理工作台：用刮铲等清理工作台上的残余废料，再喷洒清洁剂，用软布或纸巾擦拭干净，得到平整干净的工作台，才能准备开始下一个"打印"任务。清洁完毕，合上设备外罩	清理成型设备工作台上的废料 擦拭成型设备工作台
2. 装料	在料箱中装入选定的成型材料和支撑结构材料	装填成型和支撑材料

2. 预处理及模型成型（表4-15）

表4-15　预处理及模型成型步骤

步 骤	步骤图解
1. 打包数据发送至"Job Manager"进行生产管理	 Job Manager 生产管理系统界面

(续)

步　　骤	步骤图解
2. 将项目任务排到"打印"队列的首位	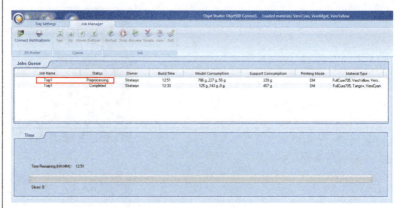 预处理项目数据文件
3. 当项目被排到首位时，Job Manager 会预处理发送过来的项目数据文件，自动实时切片处理并生成支撑结构后送至生产设备开始实体的成型加工 小提示：在 Objet Studio 中，并没有单独的切片和生成支撑的步骤，整个操作更加智能化	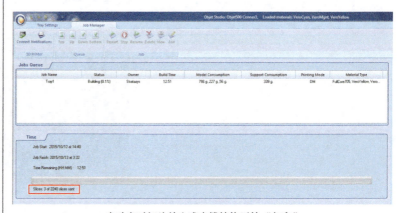 自动实时切片并生成支撑结构开始"打印"
4. 在 Job Manager 管理界面上，掌握项目信息 小提示：在 Job Manager 管理界面上，可以直观地了解项目信息。如可以实时跟踪当前"打印进度"；也可以看到整个项目持续的预计时间，方便合理地安排各个项目进行的先后顺序；除了当前"打印"项目的基本信息息，还可以浏览过往"打印"项目的基本信息	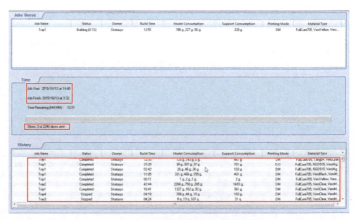 Job Manager 界面上的各类项目信息

（续）

步　　骤	步骤图解
5. 模型成型：采用三种材料喷射技术，自下而上地逐层打印，无需进行后续组装，一次成型 小提示：Objet500 工作时，无需工人值守，只要在 Job Manager 监控工作进度即可。由于设备工作期间有强烈的紫外线照射，虽然有机器外罩，但建议尽量远离	 "打印"进行中 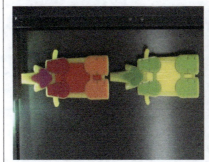  "大象"模型自下而上一次成型

学习活动5　大象玩具摆件后处理

学习目标

1. 掌握打印后的大象玩具摆件的后处理方法
2. 能够对设备进行清洗维护

学习过程

1. 后处理大象玩具摆件

由于成型的"大象"在悬空的耳部、腹部均有支撑结构，甚至整个"大象"表面包覆了一层支撑结构材料，另外基座也是支撑结构，所以打印完成后要对大象摆件进行后处理。因无需二次固化，Polyjet工艺的后处理比较简单。具体步骤见表4-16。

97

表4-16 大象玩具摆件后处理步骤

步骤	步骤图解
1. 用水枪初步清洗，将大象表面及大部分的支撑结构材料冲洗去除 **小提示**：用水枪初步清洗时，对于结构复杂或有镂空结构的位置要谨慎操作，以免对工件的结构造成变形破坏	 水枪冲洗"大象"表面
2. 用纸巾擦干 **小提示**：对于较厚的工件，擦干只是为了手感舒适，对于较薄的工件，擦干则是为了防止工件变形；冲洗后的工件，有些仍不能完全去除多余材料，可以浸泡在水基溶液中溶解后去除	 用纸巾擦干被冲洗的"大象"

2. 打印设备清洗维护（表4-17）

表4-17 打印设备清洗维护

步骤	步骤图解
1. 戴好橡胶手套，用喷过清洁剂的软布轻轻擦拭设备的喷头，抹去残留材料	擦拭成型设备喷头
2. 用刮铲等清理工作台上的残余废料	清理成型设备工作台上的废料

（续）

步　骤	步　骤　图　解
3. 再喷洒清洁剂，用软布或纸巾擦拭干净，得到平整干净的工作台	擦拭成型设备工作台
4. 日常维护	1. 给运动部件添加润滑油，螺母松动的要拧紧 2. 在打印过程中，3D 打印机各参数设定不要超出设备的限制范围

学习活动 6　大象玩具摆件任务评价

学习目标

1. 锻炼表达能力
2. 检验工作任务完成效果
3. 能够正确客观地进行评价

学习过程

1. **小组展示大象玩具摆件**（略）
2. **三方评价**（表4-18）

表 4-18　评价表

工作任务名称：

评价项目	考核内容	考核标准	配分	小组评分	教师评分	企业评分	总　评
任务完成情况评定（80分）	任务分析	正确率100%　5分 正确率80%　4分 正确率60%　3分 正确率<60%　0分	5			注：此项企业只需填写总分	
	制订方案	合理　10分 基本合理　6分 不合理　0分	10				
	数据处理	参数设置正确　20分 参数设置不正确　0分	20				

（续）

评价项目	考核内容	考核标准	配分	小组评分	教师评分	企业评分	总 评
任务完成情况评定（80分）	打印成型	操作规范、熟练 10分 操作规范、不熟练 5分 操作不规范 0分 加工质量符合要求 20分 加工质量不符合要求 0分	30			注：此项企业只需填写总分	
	后处理	处理方法合理 5分 处理方法不合理 0分 操作规范、熟练 10分 操作规范、不熟练 5分 操作不规范 0分	15				
职业素养（20分）	劳动保护	按规范穿戴防护用品	每违反一次，扣5分，扣完为止				
	纪律	不迟到、不早退、不旷课、不吃喝、不游戏					
	表现	积极、主动、互助、负责、有改进精神等					
	6S规范	是否符合6S管理要求					
总分							
学生签名		教师签名		日期			

3. 3D打印大象玩具摆件工作小结（略）

> 学习任务五

3D 打印洗衣机功能部件（SLS）

学习目标

1. 阅读任务单，表述洗衣机功能部件 3D 打印工作任务
2. 对比多项 3D 打印技术优缺点，分析并正确选择 3D 打印方法
3. 确定制造要求
4. 叙述 SLS 打印技术工作原理及工艺优缺点
5. 叙述 SLS 设备常用工艺材料，了解 SLS 设备
6. 制订工作方案，正确排包
7. 应用 SolidView/Pro RP 软件，处理数据
8. 操作 SLS 快速成型设备
9. SLS 产品后处理
10. 会使用喷砂机和压缩空气设备
11. 严格执行 6S 管理规定，检验工作任务完成效果，能够正确且客观地进行评价

工作情境描述

广州快速制造有限公司生产部从市场部接到一份订单，要求生产洗衣机功能部件样件，数量为 9 件。客户提供 3D 模型图，交货期为两天。

生产工程师接到工作任务后，通过任务单了解并分析客户需求，根据客户提供的 3D 模型图，选择加工方法、材料、设备等，制订打印工艺，填写生产制造文档，排包、生产打印、后处理并检测，完成后交付质检部验收确认，填写设备使用情况记录和维修记录。

学习活动1　获取洗衣机部件3D打印任务

学习目标

1. 阅读任务单，表述洗衣机功能部件3D打印工作任务
2. 对比多项3D打印技术优缺点，分析并正确选择3D打印方法
3. 确定制造要求
4. 了解"中国制造2025"的含义以及我国从制造业大国向制造业强国转变的必要性

学习过程

1. 组建团队及任务分工（表5-1）

表5-1　组建团队及任务分工

团队名称及LOGO	团队成员	工作任务

2. 任务引入

（1）搜集《中国制造2025》相关资料。

（2）讨论我国从制造业大国向制造业强国转变的必要性。

（3）《中国制造2025》与我。

随着《中国制造2025》的全面推进，我国制造业得到了长足的发展，洗衣机作为家庭必备品变化也很大，请各团队用摄像头来记录家用洗衣机的变迁，同时发表在社交媒体上并集赞。

3. 发放任务单（表5-2）

表5-2　任务单

产品名称	洗衣机功能部件	编号		时间	2天
序号	零件名称	规格	图形	数量/件	生产要求
1	洗衣机功能部件		图5-1	9	1. 强度好 2. 不易发黄变形 3. 生产的样件应可在有水、油及污渍的条件下使用
2					
备注	请在指定时间内完成		完成日期		
			生产数量/套		生产数量/套
生产部经理意见	（同意生产）		日期		

学习任务五 3D打印洗衣机功能部件（SLS）

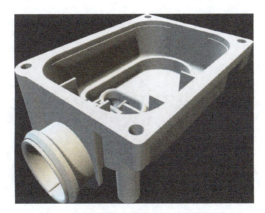

图 5-1 洗衣机功能部件 3D 模型图

4. 制造要求分析

1）加工产品名称_____，数量_____，完成时间为_____天。

2）此产品为_____（A. 成品 B. 测试件）。

3）选择加工方法为_____（A. 模具 B. 3D 打印）。

因为，_____（A. 模具 B. 3D 打印）生产过程费时费力，而且仅仅用于测试件的生产，显然并不经济。_____（A. 模具 B. 3D 打印）相比传统制造技术在样件测试领域优势显著，只需完整设计图样，即可直接制作零件，无需开模等中间过程，成型时间大大缩短。

使用_____（A. 模具 B. 3D 打印）技术单个或小批量生产零部件，既能节约开发成本，也可以缩短开发周期，是产品开发和模型测试的好帮手。

4）本产品的生产要求：

_____
_____
_____

根据以上制造要求分析，选择_____（A. SLS B. FDM C. SLA）3D 打印技术。

因为，_____（A. SLS B. FDM C. SLA）技术在强度和表面质量上可能达不到测试需求；使用_____（A. SLS B. FDM C. SLA）技术时，光敏树脂的成型材料对光线敏感，易发黄，不宜做该功能件。

学习活动 2 制订洗衣机部件 3D 打印方案

学习目标

1. 叙述 SLS 打印技术工作原理
2. 叙述 SLS 工艺优缺点
3. 叙述 SLS 常用工艺材料
4. 了解 SLS 设备
5. 制订工作方案，正确排包

3D 打印企业实例

学习过程

1. SLS 打印技术简介

选择性激光烧结（Selective Laser Sintering，SLS）快速成型技术（图5-2）自1989年问世以来，经过多年的发展，已经成为集CAD、数控、激光和材料等现代技术成果于一身的先进制造技术，是当前发展最快，最成功商业化的快速成型技术。

（1）工作原理（表5-3）

图5-2 选择性激光烧结快速成型技术

表5-3 SLS 工作原理

原　理	图　示
选择性激光烧结加工过程是采用铺粉辊将一层粉末材料平铺在已成型零件的上表面，并加热至恰好低于该粉末烧结点的某一温度，控制系统控制激光束按照该层的截面轮廓在粉末上扫描，使粉末的温度升至熔点，进行烧结，并与下面已成型的部分实现粘结。当一层截面烧结完成后，工作台下降一个层的厚度，铺料辊又在上面铺上一层均匀密实的粉末，进行新一层截面的烧结，直至完成整个模型	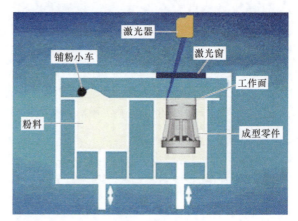 SLS工作原理图
激光束未扫过的区域仍然是松散的粉末，成型过程中，未经烧结的粉末对模型的空腔和悬臂起着支撑的作用，因此使用SLS技术成型的工件不需要像其他成型技术那样需要支撑结构，这些粉末有些还可以回收再使用	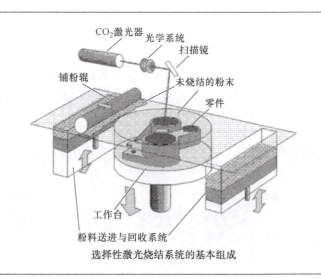 选择性激光烧结系统的基本组成

(续)

原 理	图 示
SLS 工艺是利用粉末材料成型的,可供使用的原材料相对丰富,包括金属基粉末、陶瓷基粉末、覆膜砂、高分子基粉末等。材料对成型件的精度和物理性能起着决定性作用,高分子基粉末最早在 SLS 工艺中得到应用,相比金属和陶瓷材料,高分子材料如尼龙(PA)等成型温度低、烧结所需的激光功率小,也是目前应用最多、最成功的 SLS 材料	 用于选择性激光烧结工艺的尼龙粉末

(2) SLS 工艺特点(表 5-4)

表 5-4 SLS 工艺特点

优 点	说 明
可采用多种材料	从原理上来说,这种方法可采用加热时粘度降低的任何粉末材料,通过材料或者各类含粘结剂的涂层颗粒制造出任何造型,适应不同的需要
制造工艺比较简单	由于可用多种材料,选择性激光烧结工艺按采用的原料不同,可以直接生产复杂形状的原型、型腔模三维构件或部件及工具
高精度	依赖于使用的材料种类和粒径、产品的几何形状和复杂程度,该工艺一般能达到工件整体范围内 ±(0.05~2.5)mm 的公差。当粉末粒径为 0.1mm 以下时,成型后的原型精度可达 ±1%
无需支撑结构	SLS 工艺无需设计支撑结构,叠层过程中出现的悬空层面可直接由未烧结的粉末来实现支撑
材料利用率高	由于该工艺过程不需要支撑结构,不像 LOM 工艺那样出现许多废料,也不需要制作基底支撑,所以该工艺方法在常见的几种快速成型工艺中,材料利用率是最高的,可以认为是 100%。SLS 工艺中使用的多数粉末的价格较便宜,所以 SLS 模型的成本相比较看也是较低的
生产周期短	从 CAD 设计到零件的加工完成只需几小时到几十小时,整个生产过程数字化,可随时修正、随时制造。这一特点使其特别适合于新产品的开发
可与传统工艺方法相结合	可实现快速铸造、快速模具制造、小批量零件输出等功能,为传统制造方法注入新的活力
应用面广	成型材料的多样化使得 SLS 工艺适合于多种应用领域,如原型设计验证、模具母模、精铸熔模、铸造型壳和型芯等
缺 点	说 明
表面质量差	由于 SLS 工艺的原料是粉末状的,原型的建造是由材料粉层经加热熔化而实现逐层粘结的,因此,严格来说,原型的表面是粉粒状的,因而表面质量不高
挥发异味	SLS 工艺中的粉末粘结需要激光能源使其加热而达到熔化状态,烧结过程中会挥发异味

(续)

缺　　点	说　　明
比较复杂的辅助工艺	SLS 技术视所用的材料而异，有时需要比较复杂的辅助工艺过程，例如给原材料进行长时间的预先加热、造型完成后需要清理模型表面的浮粉等
制造和维护成本较高	由于使用大功率激光器，设备制造和维护成本较高，技术难度较大，对生产环境有一定的要求
有污染	成型材料为粉体材料，对生产环境会有污染，需要采取安全措施

2. SLS 工艺材料

SLS 工艺材料（表5-5）适应面广，不仅能制造塑料零件，还能制造陶瓷、石蜡等材料的零件。特别是可以直接制造金属零件，这使 SLS 工艺颇具吸引力。

表 5-5 常用的 SLS 工艺材料

材　　料	特　　性
石蜡	主要用于石蜡铸造，制造金属型
聚碳酸酯	坚固耐热，可以制造微细轮廓及薄壳结构，也可以用于消失模铸造，正逐步取代石蜡
尼龙、纤细尼龙、合成尼龙（尼龙纤维）	制造可测试功能零件，其中合成尼龙制件具有最佳的力学性能
钢铜合金	具有较高的强度，可作注塑模

3. SLS 设备

研究选择性激光烧结（SLS）设备工艺的公司有美国的 DTM 公司、3D Systems 公司、德国的 EOS 公司，以及国内的盈普光电设备有限公司和华中科技大学等。DTM 公司的 Sinterstation 2500 机型如图 5-3 所示，Sinterstation 2500Plus 机型如图 5-4 所示。其中，2500Plus 机型的成型体积比过去增加了 10%，同时通过对加热系统的优化，减少了辅助时间，提高了成型速度。

图 5-3 DTM 公司 Sinterstation 2500 机型

图 5-4 DTM 公司 Sinterstation 2500 Plus 机型

华中科技大学的 HRPS-ⅢA 型设备如图 5-5 所示。

盈普光电是目前国内领先的以激光烧结为核心技术的 3D 打印方案提供商和设备制造商，推出的 P4500 激光烧结快速成型系统率先填补了国内选择性激光粉末烧结制作工业级塑胶零件的技术空白。TPM 盈普光电公司推出的 ELITE P3200（图 5-6）激光烧结快速成型系统具有扫描速度快、材料利用率高、产量可观等优点。使用的成型材料是与国外合作开发的尼龙基聚合物系列，无毒无害，耐热耐腐蚀，可重复使用。该设备提供的无支撑多层立体摆放零件工艺方法，可有效提高快速制造零件的效率，单台机器就具备在数小时内直接制作 1 个或数百个塑胶零件的能力，所制造的成型零件（图 5-7）强度高、韧性好、具有良好的表面质量和力学性能，可以满足多种功能性使用要求。

图 5-5　华中科技大学 HRPS-ⅢA　　　图 5-6　盈普光电设备有限公司 TPM ELITE P3200

图 5-7　SLS 工艺产品样件展示

4. 制订工作方案（排包）（表 5-6）

表 5-6　洗衣机部件快速加工工作方案

产品名称	产品编号	设备	材料	创建时间	创建人
洗衣机功能部件		选择：_____ A. TPM ELITE P3200 B. 上海联泰 RS6000 C. Fortus 450mc D. Objet500 Connex3™	选择：_____ A. 尼龙 B. PC C. ABS D. PLA		

3D打印企业实例

学习活动 3　处理洗衣机部件数据

学习目标

应用 SolidView/Pro RP 2015.0x64 软件,处理数据

学习过程

1. 导入模型(表5-7)

SolidView/Pro RP 2015.0x64 软件是 P3200 系统配套的数模处理软件,与成型机联动控制完成零件制造的全部流程。

表 5-7　导入模型步骤

步　　骤	步骤图解
1. 打开专用数模分析处理软件 SolidView/Pro RP 2015.0x64	
2. 用软件新建一个布局图,单击"Open"打开洗衣机功能部件的 STL 文件	

108

（续）

步　　骤	步骤图解
3. 选择所有需要打印的模型文件确认打开	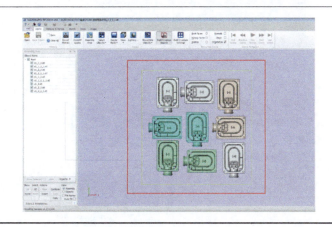
4. 可以在软件工作界面中看到3D模型 导入的模型摆放在工作区内，一般先确定一批零件中大零件的位置，再调整小零件的位置，如果有薄壁零件，摆放时应靠近成型桶中心及整体的上部。零件与零件之间的距离必须大于3mm	

2. 模型参数设置

为配合个性化生产，可以对模型的参数进行必要的设置和修正，具体设置步骤见表5-8。

表5-8　洗衣机部件模型参数设置步骤

步　　骤	步骤图解
1. 选择"Modify"菜单栏，可以进行设置。 零件缩放"Scale" 偏移复制"Translate" 旋转"Rotate" 对齐"Align" 镜像"Mirror" 合并选中零件"Combine"	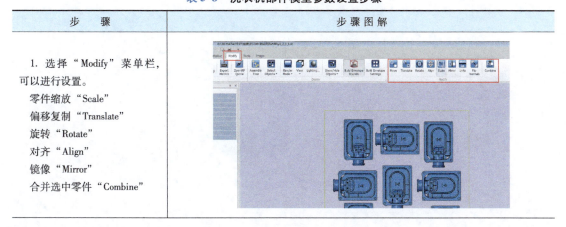

（续）

步　　骤	步　骤　图　解
2. 选中工件，打开"Modify"菜单栏，单击"Scale"可以对选中零件进行缩放，也可以通过设置各个轴的缩水率做缩放，需要注意的是设置缩水率后的零件不能进行旋转动作	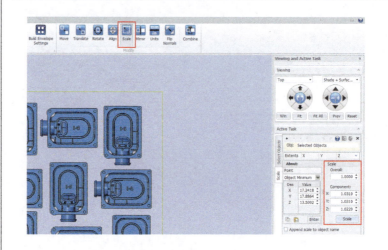
3. 单击"Move"，可选中需要移动的零件做移动动作，也可以通过调整X、Y、Z三个维度的具体数值，做精确移动	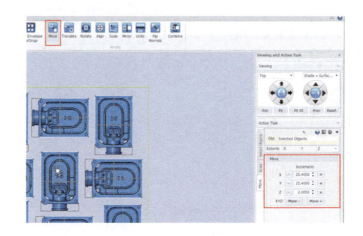
4. 模型的Z轴修正 选择"Tools"功能栏，启用"Z-Correction"窗口，单击"Settings"进行设置	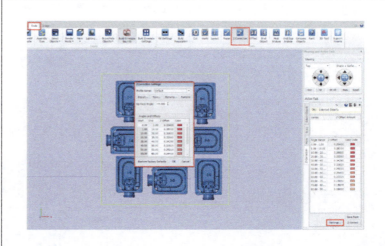

（续）

步　　骤	步　骤　图　解
5. 在"Z Offset"一列中输入合适的数值进行 Z 轴补偿，填写好合适数值后，单击"OK"确认	
6. 单击"Z Correct"进行修正	

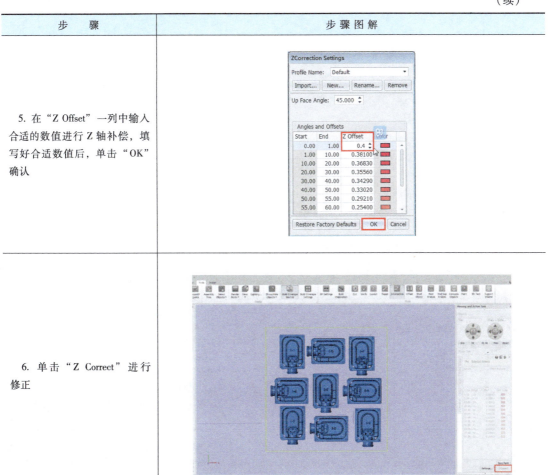

3. 成型参数设置（表5-9）

表 5-9　洗衣机部件成型参数设置步骤

步　　骤	步　骤　图　解
1. 在"Tools"功能栏下的"Build Preparation"选项中设置各项成型参数	

(续)

步　　骤	步　骤　图　解
2. 在"Settings"窗口可以看到本例打印成型的一些基本信息 　　成型工艺 SLS、成型设备 P3200、成型材料 Precimid1170 是 100% 尼龙粉末 　　设置成型设备激光光斑直径和切片厚度,即"Beam Size"和"Layer Thickness"的数值,如图所示,P3200 的光斑直径为 0.25mm,切片厚度为 0.15mm	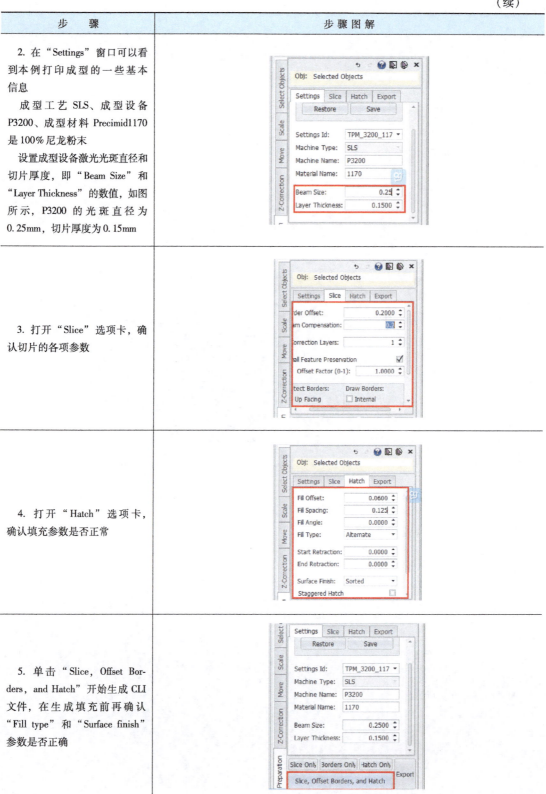
3. 打开"Slice"选项卡,确认切片的各项参数	
4. 打开"Hatch"选项卡,确认填充参数是否正常	
5. 单击"Slice, Offset Borders, and Hatch"开始生成 CLI 文件,在生成填充前再确认"Fill type"和"Surface finish"参数是否正确	

（续）

步　　骤	步　骤　图　解
6. 单击"Export"导出上述已处理的"CLI"文件并保存至相应的文件夹准备进行快速成型加工，至此数据处理完毕	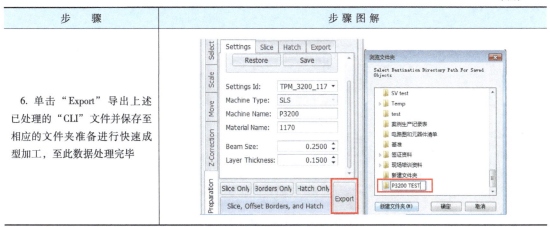

学习活动 4　洗衣机部件快速成型

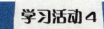

操作 SLS 快速成型设备

1. 设备准备

EliteCtrlSys 是 Elite 系列激光烧结快速成型设备专用的加工操作管理系统。Elite 系列设备准备步骤见表 5-10。

表 5-10　Elite 系列设备准备步骤

步　　骤	步　骤　图　解
1. 在 P3200 控制机的操作系统中打开"EliteCtrlSys"程序软件	

(续)

步　骤	步骤图解
2. 在"设备管理"-"人工操作"窗口单击氮气总开关"开",单击绿色"开始生产"按钮,先检查水冷机是否启动,冷却系统管路有无泄漏,以及各个接线是否正常	
3. 在"人工操作"窗口还可以进行各类手动操作,如手动控制加粉、手动加粉的量;手动控制刮刀移动、校准参考位置、左右落粉位置;手动控制成型桶上下移动、校准参考位置、设置手动下降速度;手动选择激光的坐标、激光开关,以及设置激光参数并手动控制激光工作等	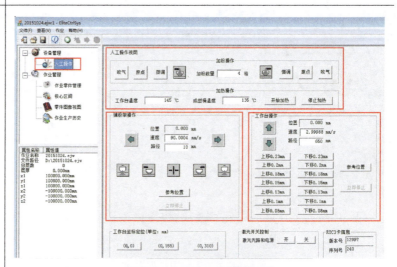
4. 戴防尘口罩(依照N95标准)、护目镜,以及穿防护服等,防止眼口鼻接触粉尘,减小激光或机械运动部件对人体造成伤害的可能	

（续）

步　　骤	步　骤　图　解
5. 戴 PVC 手套防止粉末被污染。在处理粉末材料时需注意，只有当粉末温度低于 60℃ 时，才能接触清理，否则有高温烫伤的危险	
6. 检查完毕，将新粉和循环粉按比例混合静置后装入储粉桶并装回主机	
7. 装好储粉桶，再将装有成型材料的成型桶装入工作腔固定	
8. 确认固定好后，把成型桶平台升至工作起始位置，在平台内铺一层预铺粉，手动操作刮刀将粉层刮平整	

2. 导入数据并预热（表5-11）

表5-11 洗衣机部件快速加工数据导入及预热步骤

步 骤	步 骤 图 解
1. "EliteCtrlSys"软件中选择"作业管理"→"作业零件管理"，单击"新增"，导入模型切片数据"CLI"文件	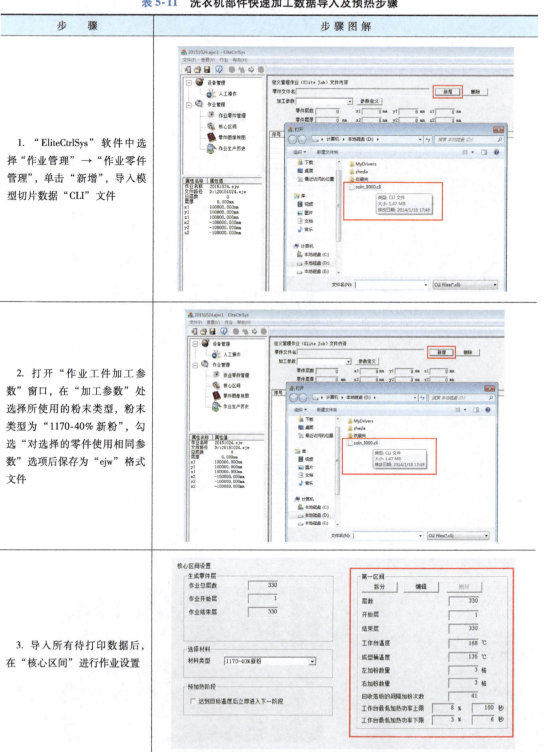
2. 打开"作业工件加工参数"窗口，在"加工参数"处选择所使用的粉末类型，粉末类型为"1170-40%新粉"，勾选"对选择的零件使用相同参数"选项后保存为"ejw"格式文件	
3. 导入所有待打印数据后，在"核心区间"进行作业设置	

（续）

步　骤	步骤图解
4. 打开"第一区间"窗口，单击"编辑"设置打印的起止层数、工作台温度、成型桶温度、左右加粉数量等参数 　　设置完毕，单击"保存"按钮 　　小提示：SLS 工艺使用粉末材料加工成型。在烧结之前，整个工作台包括尼龙粉末材料被加热到稍低于尼龙粉末熔点的温度，以减少粉末材料热变形，并利于与前一层面的结合	
5. 选择"作业管理"→"核心区间"，选择粉末类型，单击"开始生产"。设备将自动开始预热，并开始自动刮粉动作，直至预热完成后设备处于暂停状态	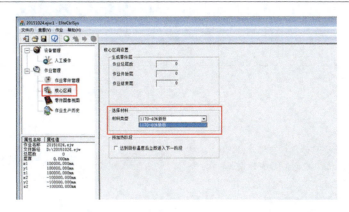
6. 在"人工操作"→"加热操作"中设置工作台和成型桶的预热温度，分别是 145℃ 和 135℃	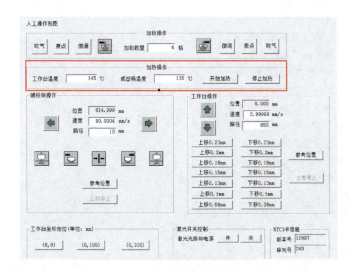

117

(续)

步　　骤	步骤图解
7. 预热进程在 EliteCtrlSys 界面下方的"设备运行情况监视"窗口可以实时跟踪	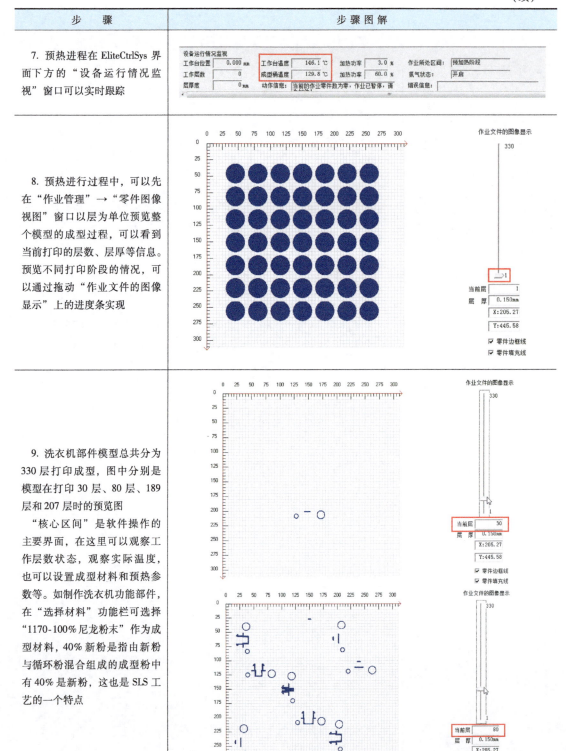
8. 预热进行过程中,可以先在"作业管理"→"零件图像视图"窗口以层为单位预览整个模型的成型过程,可以看到当前打印的层数、层厚等信息。预览不同打印阶段的情况,可以通过拖动"作业文件的图像显示"上的进度条实现	
9. 洗衣机部件模型总共分为 330 层打印成型,图中分别是模型在打印 30 层、80 层、189 层和 207 层时的预览图 "核心区间"是软件操作的主要界面,在这里可以观察工作层数状态,观察实际温度,也可以设置成型材料和预热参数等。如制作洗衣机功能部件,在"选择材料"功能栏可选择"1170-100%尼龙粉末"作为成型材料,40%新粉是指由新粉与循环粉混合组成的成型粉中有 40%是新粉,这也是 SLS 工艺的一个特点	

学习任务五　3D打印洗衣机功能部件（SLS）

（续）

步　　骤	步　骤　图　解
小提示：预热过程大约2h左右，待设备预热充分后可单击"继续"开始生产。如果设备在工作时需要暂停，请在预热时单击"暂停"按钮，完成后单击"继续"，可以继续生产	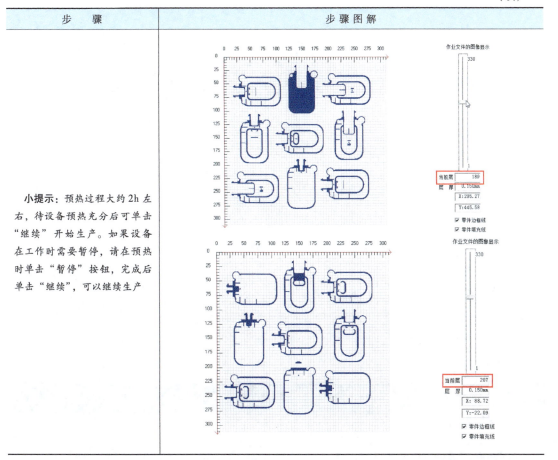

3. 模型成型（表5-12）

表5-12　洗衣机部件模型成型步骤

步　　骤	步　骤　图　解
1. 模型成型过程无需人工参与，整个过程所需的时间由零件的结构类型和层高决定。计算机根据原型的切片模型控制激光束的二维扫描轨迹	

（续）

步　骤	步骤图解
2. 有选择地烧结尼龙粉末，一层烧结熔化、粘结又固化后，工作台下降一个层厚，开始新层的烧结，如此循环，直至工作台内所有同一批零件330层全部烧结完毕，模型加工完成	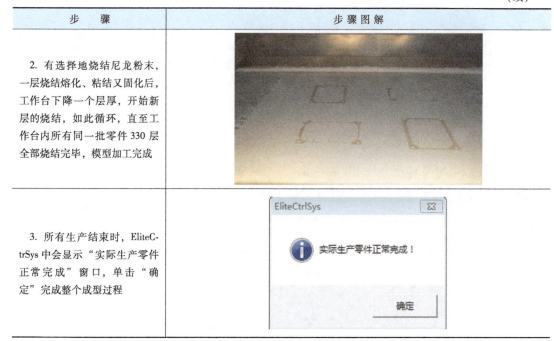
3. 所有生产结束时，EliteCtrlSys中会显示"实际生产零件正常完成"窗口，单击"确定"完成整个成型过程	

学习活动 5　洗衣机部件后处理

学习目标

1. SLS产品后处理
2. 会使用喷砂机和压缩空气设备

学习过程

洗衣机部件后处理仍使用"EliteCtrlSys"软件进行，具体步骤见表5-13。

表5-13　后处理步骤

步　骤	步骤图解
1. 在提示生产完成后，须让成型桶在设备内等待冷却3～4h，成型桶温度降至70℃以下才能取出，以防烫伤	

(续)

步　　骤	步骤图解
2. 取出成型桶将其装入清件机固定，并将成型桶升至最高位	
3. 让粉层在清粉机内继续冷却，冷却的时间（h）＝制作高度（mm）/20，用此方法估计时，须考虑环境温度	
4. 当零件温度低于35℃时，可以开始小心地清理零件 清理时，可先用手掰下较大的粉块，找到其中的各个零件，然后使用刷子将零件上的多余粉末小心地清除	
5. 初步清理完毕，再将零件放入喷砂机，进一步清理零件表面的粉末 **小提示**：注意喷砂机有可能喷黑零件表面或破坏薄壁部分，喷砂过程须保持喷头移动，避免长时间、近距离地清理零件	

（续）

步　　骤	步骤图解
6. 用压缩空气清洁零件表面	
7. 完成洗衣机功能部件	
8. 清理零件后留下的未烧结粉末必须经过筛粉机筛选。筛选后的粉末称为循环粉，循环粉必须与新粉混合才能重新使用 **小提示**：储粉桶内的粉在生产完成后仍然可被看作混合粉，只有混合粉可以用作生产，垃圾粉不能作为旧粉使用	

学习活动6　洗衣机部件任务评价

学习目标

1. 严格执行6S管理规定
2. 检验工作任务完成效果
3. 能够正确且客观地进行评价

学习过程

1. 小组展示洗衣机部件（略）

2. 三方评价（表5-14）

表5-14 评价表

工作任务名称：

评价项目	考核内容	考核标准	配分	小组评分	教师评分	企业评分	总评
任务完成情况评定（80分）	任务分析	正确率100%　5分 正确率80%　4分 正确率60%　3分 正确率<60%　0分	5			注：此项企业只需填写总分	
	制订方案	合理　10分 基本合理　6分 不合理　0分	10				
	数据处理	参数设置正确20分 参数设置不正确0分	20				
	打印成型	操作规范、熟练10分 操作规范、不熟练5分 操作不规范　0分 加工质量符合要求20分 加工质量不符合要求0分	30				
	后处理	处理方法合理　5分 处理方法不合理　0分 操作规范、熟练10分 操作规范、不熟练5分 操作不规范　0分	15				
职业素养（20分）	劳动保护	按规范穿戴防护用品	每违反一次，扣5分，扣完为止				
	纪律	不迟到、不早退、不旷课、不吃喝、不游戏					
	表现	积极、主动、互助、负责、有改进精神等					
	6S规范	是否符合6S管理要求					
总分							
学生签名		教师签名		日期			

3. 3D打印洗衣机部件工作小结（略）

→ **学习任务六**

3D 打印电器接插件（DLP）

学习目标

1. 阅读任务单，表述打印电器接插件工作任务
2. 了解 DLP 技术的原理
3. 应用 Magics 软件，处理数据
4. 利用 DLP 技术打印电器接插件
5. 会进行产品后处理

工作情境描述

　　某电器厂测试部门接到了测试一系列电器接插件的任务，该系列零件对硬度和实际使用性没有很高的要求，但要求测试的周期短、成本低，以及有较高的加工精度，经反复对比各种工艺，决定利用 DLP 技术进行快速成型工作。

学习活动 1　获取电器接插件 3D 打印任务

学习目标

1. 阅读任务单，表述打印电器接插件工作任务
2. 了解电器接插件结构及用途
3. 能正确分析产品（电器接插件）要求
4. 观看电器接插件使用不当引发安全事故的视频，提高安全生产意识

学习过程

1. 组建团队及任务分工（表6-1）

表6-1　组建团队及任务分工

团队名称及LOGO	团队成员	工 作 任 务

2. 任务引入

（1）播放电器接插件使用不当引发安全事故的视频。

（2）分组讨论，写出如何正确使用电器接插件。

3. 发放任务单（表6-2）

表6-2　任务单

产品名称	电器接插件	编号		时间	2天
序号	零件名称	规格	图形	数量/套	设计要求
1	电器接插件		图6-1	1	无设计要求
2					
备注	请在指定时间内完成	完成日期			
		生产数量/套			
生产部经理意见	（同意生产）	日期			

4. 了解"电器接插件"

电器接插件（图6-1）是电子产品中各个组成部分之间的电气活动连接原件，广泛用于各类电子器件、设备中。电器接插件的优点在于插取自如、更换方便，只经过简单的拔插过程即可取代搭接、焊接、螺纹连接和铆钉连接等固定连接方式，并可采用集中连接，一次连接多组元件。随着印制电路板和电子元器件的不断更新换代，更换方便的电器接插件应用越来越广泛。

电器接插件的结构由接触件和绝缘件两部分组成。接触件起电气接触的作用，所用材料为铜及其合金等电的良导体。绝缘件的作用是将接触件固定并保持绝缘状态，所用材料为耐热塑料。电器接插件用的塑料材料需要具有更高的耐热性、尺寸稳定性、具有足够的力学性能、加工流动性要好，应符合电器接插件越来越小型化的要求，此外还要求其耐清洗溶剂的侵蚀等。

4. 3D 打印的作用

本例需要制作的电器接插件如图 6-2 所示，结构虽不复杂，但细小的部分较多。制作本例测试模型，意在大规模生产前评估产品的设计，验证设计的形状、匹配性和功能，提供概念模型，改善沟通和设计。使用传统制造工艺开模，时间长、成本高，只用作模型测试显然不经济。使用 3D 打印技术，可以在前期摒弃生产线，降低成本，也能做到较高的精度和复杂程度，无需开模直接生成零件，有效地缩短产品研发周期，是增强模具设计与制造薄弱环节的有效途径。

图 6-1　电器接插件

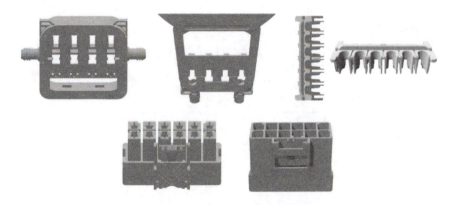

图 6-2　电器接插件 3D 数据模型

本例需制造的一系列电器接插件对硬度和实际使用等功能性没有较高的要求，更注重高效、快捷、低成本和较高的精度，因此选择使用 DLP 技术成型，以期快速得到高度还原设计意图的零件模型。

学习活动2　制订电器接插件 3D 打印方案

 学习目标

了解 DLP 技术的原理

 学习过程

1. DLP 打印技术简介

数字化光照加工（Digital Lighting Processing，DLP）3D 打印技术与 SLA 技术十分相似，甚至被认为是 SLA 技术的一个变种。这两种技术都是利用感光材料在紫外线照射下快速凝

固的特性来实现固化成型的。DLP 技术最早是由德州仪器公司开发,主要是通过投影仪来逐层固化光敏聚合物液体,从而创建出 3D 打印对象。由于其具备紫外线投影快速得应用到 3D 打印领域,成为又一种新的快速成型技术。

(1) 工作原理(表6-3)

表6-3　DLP 工作原理

说　　明	图　　示
DLP 设备中包含一个可以容纳树脂的液槽,用于盛放可被特定波长的紫外线照射后固化的树脂,DLP 成像系统置于液槽下方,其成像面正好位于液槽底部,通过能量及图形控制,每次可固化一定厚度及形状的薄层树脂(该层树脂与前面切分所得的截面外形完全相同)。液槽上方设置一个提拉机构,每次截面曝光完成后向上提拉一定高度(该高度与分层厚度一致),使得当前固化完成的固态树脂与液槽底面分离并粘接在提拉板或上一次成型的树脂层上,这样,通过逐层曝光并提升来生成三维实体	
DLP 技术要先对影像信号进行数字化处理,再投影出来。DLP 技术加工时,经过高分辨率的数字线处理器处理的光源,按照切片形状,发出相应形状的光斑,投射在光敏树脂上,每次投射可将一层截面直接固化成型,属于片状固化,层层叠加后最终成型。将模型从树脂池中取出,再经必要后处理即可得到要求的产品	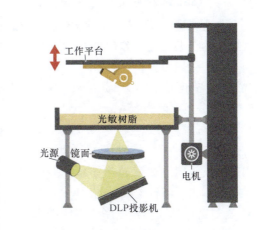

(2) DLP 工艺特点(表6-4)

表6-4　DLP 工艺特点

优　　点	说　　明
成型精度高,质量好	相比市面上的其他 3D 打印设备,由于其投影像素块能够做到 $50\mu m$ 左右的尺寸,DLP 设备能够打印细节精度要求更高的产品,从而确保其加工尺寸精度可以达到 $20\sim30\mu m$
表面光滑	成型物体表面光滑,基本看不到台阶效应
速度快	成型速度快,比同类型的 SLA 工艺更快

(续)

缺　　点	说　　明
设备价格贵	精度较高的商业级 DLP 3D 打印设备价格昂贵，工业级设备价格更高
材料价格贵	DLP 技术所用树脂材料较贵，且易造成材料浪费
材料保存不易	液态光敏材料需避光使用和保存
尺寸受限	适用于小体积物体打印

（3）DLP 技术和 SLA 技术的异同　DLP 3D 打印技术和 SLA 3D 打印技术都属于辐射固化成型技术，成型过程也较为类似，在产品性能、应用范围上基本没有差别。但两者所用的光源不同，DLP 工艺使用高分辨率的数字光处理器（DLP）投影仪来照射液态光聚合物，逐层进行片状光固化，而 SLA 工艺使用激光束实现由点到线，由线到面扫描固化。因此 DLP 工艺的成型速度比同类型的 SLA 工艺速度更快。

2. 典型 DLP 设备

（1）睿逸 DLP800 系列快速成型机　大族激光科技产业集团股份有限公司自主研发制造的睿逸 DLP800 系列快速成型机采用 DLP 数字影像投影技术，利用集合 DMD 光阵列发光原理实现液面的快速固化成型，机型如图 6-3 所示。

睿逸 DLP800 系列 3D 打印机的优点：

1）面曝光成型方式，速度快、效率高。它利用投射原理成型，在设备有效加工尺寸内无论工件周界大小都不会改变成型速度，与其他种类快速成型机相比，这种面成型的机型所需工作时间最短，特别是批量生产时，其效率更加明显。

2）模型精度高，表面质量好。X/Y 解像度达 $35\mu m$，最小分层厚度为 $25\mu m$。

3）性能可靠，DLP 光机中没有其他运动组件，整个系统也没有喷射部分，避免了其他类型 3D 打印设备常出现的喷头堵塞或激光扫描系统损坏的问题，减少了维护成本，并节省了大量的时间。

图 6-3　睿逸 DLP800 系列快速成型机

4）通过选用不同材料可制作不同类型及功能、用途的 3D 模型，在工业级制造环节用途广泛。

5）机身小巧，环境配备要求低，配套设备少，能满足一般办公室环境使用。

6）简易化支撑设计界面，可以使用 Magics 及设备自带软件快速构建支撑。

（2）普利生·锐打 400 机型　上海普利生机电科技有限公司推出的普利生·锐打 400 机型（图 6-4）可作为电器接插件的快速成型设备系统。普利生·锐打 400 是一款工业级的创新型 3D 打印机，采用立体光固化成型技术，是全球唯一使用 LCD 光学器件的 3D 打印机。

普利生·锐打 400 的特色如下：

1）成型速度快。

2）每小时输出能力强。

图 6-4　普利生·锐打 400

3）能够在 400mm 级别上实现 66μm 的成型精度。

学习活动 3　处理电器接插件数据

 学习目标

应用 Magics 软件，处理数据

 学习过程

1. 导入数据

本例的数据处理采用专业 STL 文件处理软件 Magics，在 SLA 实例中也使用该软件进行数据处理。导入数据步骤见表 6-5。

表 6-5　导入数据步骤

说　　明	图　　示
打开 Mgaics 软件，单击"文件"→"导入零件"	单击"导入零件"命令

(续)

说　明	图　示
选择需要处理的电器接插件 STL 文件，单击"打开"	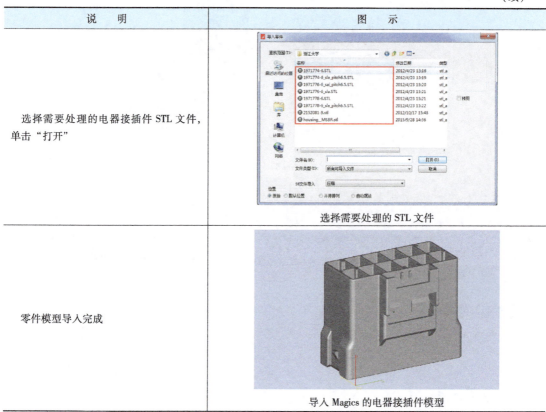 选择需要处理的 STL 文件
零件模型导入完成	导入 Magics 的电器接插件模型

2. 诊断修复

数模在转换的时候难免会出现一些错误，导致模型出现各种缺陷。利用 Magics 提供的智能化修复工具——修复向导，可对模型进行自动分析，并根据错误分析结果决定使用哪个功能进行修复，以免对产品质量造成影响。修复十分简单，操作者只需要根据提示单击按钮进行智能化修复即可，相对于手动修复，大大减少了操作时间，提高了修复的效率。修复步骤见表6-6。

表6-6　修复步骤

说　明	图　示
导入模型后，单击"视图"→"显示零件尺寸"命令，可带参数查看待处理零件的结构。选中零件，调整角度，仔细观察和了解零件的结构特征	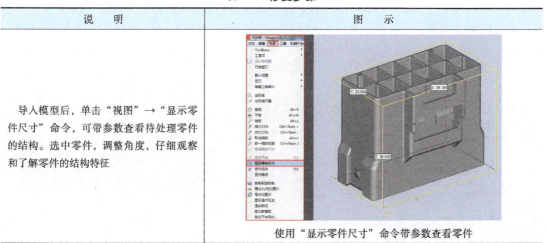 使用"显示零件尺寸"命令带参数查看零件

（续）

说　　明	图　　示
在工具栏单击打开"修复向导"窗口，所有已导入的模型均可进行诊断修复。选中当前零件，若想直接修复，单击"自动修复"软件会后台直接修复模型，也可以单击左上角的"诊断"命令，观察判断模型的大体情况	 "修复向导"窗口
单击"诊断"，跳转到诊断界面，单击"更新"按钮可查看模型的所有问题。为了避免分析不必要的项目，可以有选择地分析一些重点项目，以节约处理时间。例如，本例零件选择检测法向错误、坏边、错误轮廓、缝隙、孔和壳体等项目。由于重叠三角面片和交叉三角面片两项不会对快速成型加工的模型质量构成影响，一般不推荐对这两项进行修复	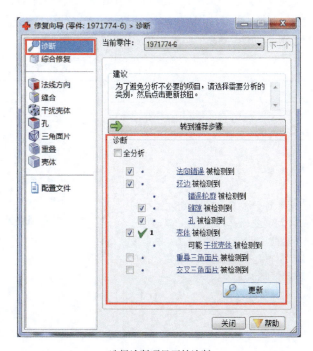 选择诊断项目开始诊断

说 明	图 示
本例模型数据的相关项目未检测到错误。若检测到相关错误，可单击"转到推荐步骤"，会出现推荐的解决方案，单击"自动修复"即可修复基本所有问题。再次单击"诊断"→"更新"即可看到大部分问题都已修复	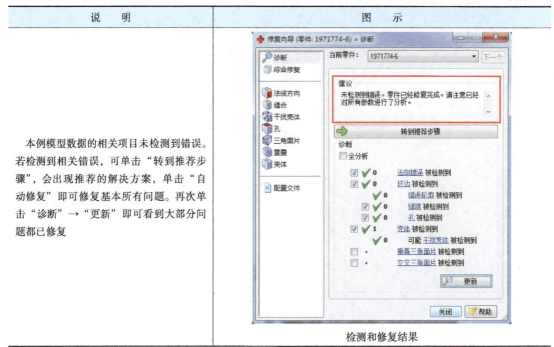 检测和修复结果

除了上述的自动修复功能以外，针对一些包含复杂错误的零件，Magics 还提供了丰富的修复工具，包括平面孔修复、定向孔修复、不规则孔修复等多种孔修复工具，三角面片的删除、创建及分离等操作，以及针对多壳体复杂零件的壳体转零件工具、干扰壳体过滤、壳体合并等工具。通过使用这些修复工具，工程师可以方便、快捷地对各种错误进行修复。其他修复方法说明见表 6-7。

表 6-7　其他修复方法

说 明	图 示
若选择手动修复，可以单击左边栏的"壳体"，跳转至壳体界面。在"手动"区选中相应的三角面片，单击下方的功能按钮即可进行相应的修复操作，但这个过程耗费大量时间	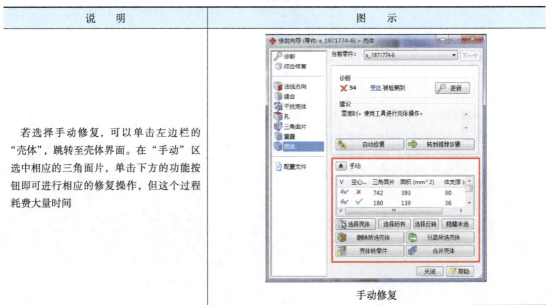 手动修复

(续)

说　　明	图　　示
为节约时间，跳转至"综合修复"界面，单击"自动修复"，Magics会自动对多种错误进行综合修复。根据建议一步步操作，完成上一步修复后再次进行"诊断"，不断检查修复效果，直至修复完成。相对于手动修复，自动修复大大减少了操作时间，提高了修复效率	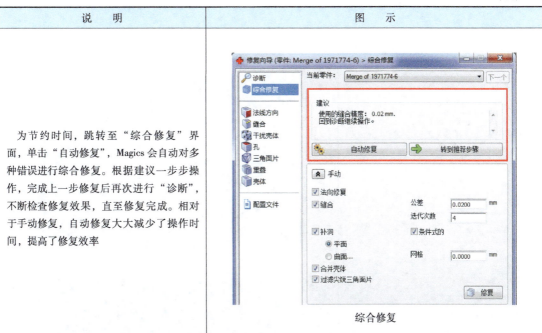 综合修复

模型诊断和修复完成，关闭"修复向导"窗口。单击"文件"→"零件另存为"将修复的模型重新保存，等待下一步操作。

3. 零件摆放（表6-8）

表6-8　零件摆放步骤

说　　明	图　　示
摆放零件前，先设置加工平台，将零件导入到平台上 在工具栏单击"机器平台"，打开"选择机器"窗口，设置平台参数	设置平台

133

(续)

说 明	图 示
选好机器导入零件。在工具栏单击"添加零件到平台",打开命令窗口,选择要载入的零件	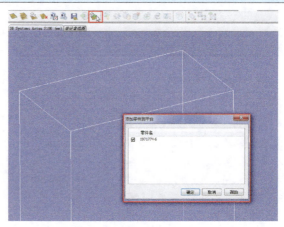 添加零件到平台
单击"确定"载入刚才修复好的零件模型。需要注意的是,零件加载后,用户仍然可以改变设备的设置,重新打开"选择机器"窗口设置即可	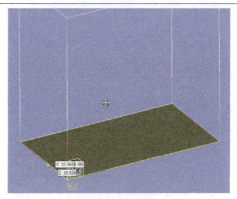 载入平台的零件

机器平台载入零件后,需要设置零件的加工方向。加工方向决定着支撑的生成,而支撑会对表面质量带来影响,这一点在立体光固化中尤为明显。

在具体实施中,可以通过平移、旋转等功能调整零件的位置,选择最佳的摆放位置和角度。选择摆放位置和角度时,需要从节约成型树脂材料、便于后处理等方面综合考虑。零件摆放方式见表6-9。

表6-9 零件摆放方式

说 明	图 示
在机器平台中仔细观察电器接插件的结构特点,选择加工方向。单个零件的放置通常有三个方向:水平方向、垂直方向和侧向放置 电器接插件成型制造有多个零部件同时成型,也需要考虑多个零件在机器平台上的摆放,这个零件布局可人工摆放,也可以由Magics的零件自动摆放功能来实现	水平方向　　垂直方向　　侧向 电器接插件的三种摆放方式

（续）

说　明	图　示
在"工具"栏的下拉菜单中单击"高级平移"弹出设置窗口	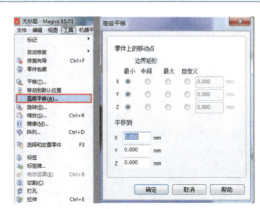 "高级平移"功能
可以通过设置参数精确移动零件。单击"旋转"弹出设置窗口，可以通过设置参数在三维空间内精确旋转零件，也可自行选择旋转中心旋转零件	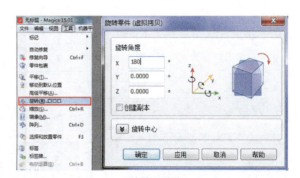 "旋转"功能
本例电器接插件的几个零部件均选择垂直方向放置，因为采用这个加工方向产生的支撑比较少，有利于节省树脂材料，而无论采用水平方向还是垂直方向都会在零件内部产生支撑，在后处理的难度上相差不大，因此选择垂直方向放置	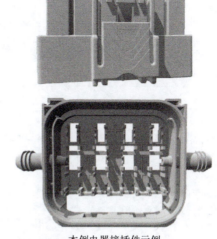 本例电器接插件示例
另外两个较大的零件由于本身属于扁平形状的零件，根据其结构特点，采用水平方向加工是优选方案。需要注意的是，应选择较为平坦的零件底面作为加工底面。因为较平坦的底面是需要后续打磨处理的，内部细节较多则不易打磨，综上，选择外部平坦底面作为加工底面水平方向摆放	

135

4. 生成支撑（表6-10）

表6-10　生成支撑步骤

说　明	图　示
摆放好零件，单击"生成支撑"选项卡，单击红框中的图标进行自动生成支撑	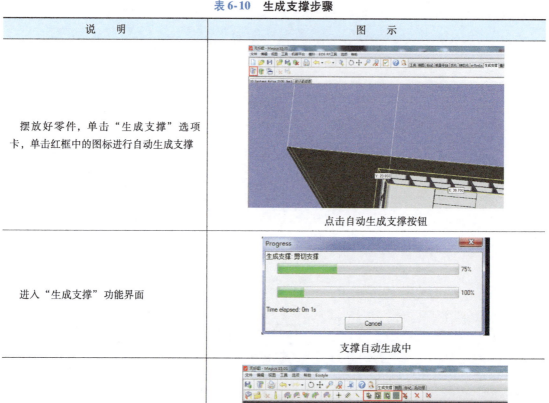 点击自动生成支撑按钮
进入"生成支撑"功能界面	 支撑自动生成中
自动生成支撑后，也可对支撑进行修改、增加和删除等操作。在"生成支撑"选项卡下选择任意一个红框内的支撑选取工具，单击想选取的支撑，选中的支撑就会显示如黑色圈中的绿色或黄色	支撑的选取
在Magics软件界面的右侧功能栏中的"支撑页"可看到当前支撑的相关参数信息，在下方的"支撑参数页"可以对当前的支撑参数进行修改，例如，可以根据实际需求对支撑进行类型变换，如想删除支撑可单击"无"	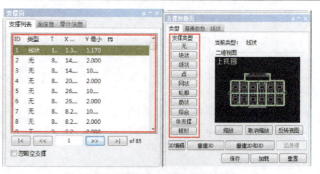 支撑的类型及变换、修改和删除功能

（续）

说　明	图　示
多角度查看支撑，可根据经验把部分多余支撑删除，以节省树脂材料。切换成线框模式显示零件，可以清晰地看到零件内部的支撑，以便进行支撑检查	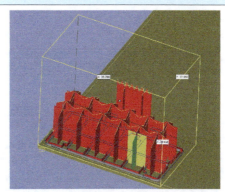 线框模式显示零件
也可以切换回实体模式显示零件，整体检查。例如，零件上柱类部件自动生成的支撑一般为线支撑，需修改为块支撑，以保证柱类在制作时不易坏掉	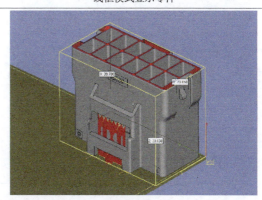 实体模式显示零件
除了删除，也可以对支撑不足的位置进行加强或者增加支撑。例如，最先加工的位置一般受力较大，自动生成的支撑不够，通常都需要增加一个点支撑，并根据实际需要对点支撑的相关参数进行修正	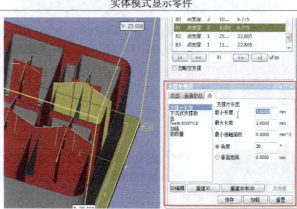 修改点支撑的支撑参数
完成所有支撑的编辑工作后，单击图标，把支撑转换为 STL，退出编辑并保存文件	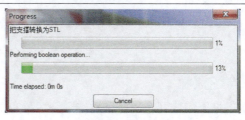 把支撑转换为 STL

支撑是 SLA 类加工技术的必要条件，它能够帮助产品制作顺利完成。Magics 软件提供的自动生成支撑功能能够快速、高效地生成支撑，大大减少用户的准备时间，并帮助操作人员在符合支撑强度的条件下尽可能节省支撑的材料使用。

5. 切片方法（表6-11）

表6-11　切片方法

说　　明	图　　示
支撑添加完毕，打开"切片"选项卡，弹出切片窗口 在"切片属性"窗口设置切片的相关参数。修复参数框内的参数一般采用默认值，可以不用修改	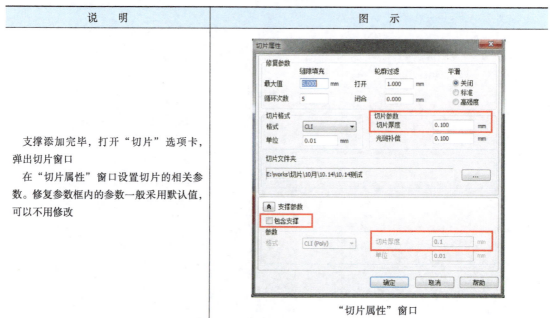 "切片属性"窗口

切片参数框内的切片厚度即激光成型每扫描一层固化的厚度，对于如本例的小型工件，一般采用 0.1mm，若是大型工件可采用 0.15mm 的厚度。切片文件格式选择默认的 CLI 即可。设置切片参数一定要勾选下方的"包含支撑"激活设置支撑参数，支撑的切片厚度要与零件的切片厚度保持一致。然后设置保存文件的位置，单击确定，进行自动切片，切片完成后将在保存文件的位置生成 *.cli 及 *_s.cli 两个文件。最后，将切片生成的文件复制至相应的文件夹，数据处理完毕，存入相应的成型设备，准备进入快速成型阶段。

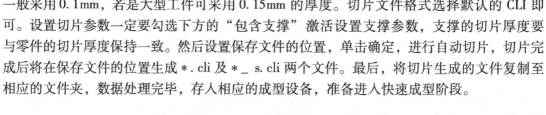

学习目标

利用 DLP 技术打印电器接插件

学习过程

本例选择上海普利生机电科技有限公司推出的普利生·锐打400机型作为电器接插件的快速成型设备系统。快速成型步骤见表6-12。

表 6-12　电器接插件快速成型步骤

步骤	说　明	图　示
1. 数据载入	将切片数据存入 DLP 成型设备锐打 400 的控制计算机中，打开工作软件 Prism。在工作界面的"平台"处可以看到成型设备的基本参数	Prism 工作界面
	单击右侧"模型"→"文件"图标，将模型数据文件载入	载入模型数据文件
	载入"模型"窗口后，将显示该零件的基本参数，也可以通过设置缩放模型的大小，增加模型数量，以批量加工多个相同零件	载入模型的基本参数
	将所有需要"打印"的数据模型依次导入，根据生产要求设置相关参数，所有零件模型按已设定好的摆放姿态和排列方式有序地陈列在机器平台上	全部待成型零件载入并排列完毕

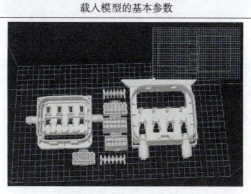

(续)

步骤	说　　明	图　　示
1. 数据载入	此时，单击"打印"→"启动"，成型设备即开始工作。在"打印"窗口可实时查看"打印"进度，以安排生产计划	启动"打印"
2. 快速成型	数据载入，启动打印。成型全程无需人工值守，成型设备将切片数据投影至液态光敏树脂聚合物，逐层进行光固化，每层固化时通过类幻灯片的片状固化	模型成型进行中
	层层叠加，快速高精度地完成模型成型	电器接插件模型成型

学习活动 5　电器接插件后处理

学习目标

DLP 产品后处理及注意事项

学习任务六　3D打印电器接插件（DLP）

学习过程

电器插件后处理步骤见表6-13。

表6-13　电器插件后处理步骤

步骤	说　明	图　示
1. 清洁	模型成型完毕，工作台上升取模型时要戴手套操作，避免皮肤直接接触树脂造成伤害。先将工作台上多余的树脂材料刮去，再使用小刮铲等工具配合手动操作取下已成型的各个零件模型。取模型时，动作要轻柔，以免对以零件造成损伤	 刮下工作台上的多余树脂并取下模型
	取下的零件，与使用SLA工艺制造的模型一样，需要使用不同清洁度的酒精进行清洗，洗去模型表面附着的多余树脂材料	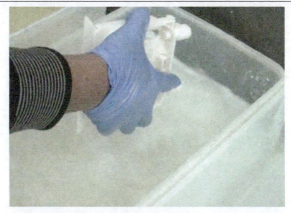 使用酒精清洗模型
	一般使用酒精清洗三次，酒精的清洁度依次提高，第三次清洗时要用未使用过的酒精进行清洗	 第三次清洗模型时用未使用过的酒精清洗

141

3D打印企业实例

（续）

步骤	说 明	图 示
1. 清洁	酒精清洗完毕，再用高压气枪冲洗零件模型不易清洗的部分。用过的酒精可以循环使用，但一般也不超过3次。清洗过程中也要注意相关的防护措施，如佩戴口罩和橡胶手套，避免受到不必要的伤害	气枪冲洗零件模型
2. 去除支撑	模型零件清洗完毕，用手剥去模型上的支撑结构。本例模型零件结构较复杂，剥除时需小心操作	用手剥去模型零件上的支撑结构
	模型零件清洗完毕，用钳子去除模型上的支撑结构。本例模型零件结构较复杂，剥除时需小心操作	使用钳子去除支撑结构

(续)

步骤	说 明	图 示
3. 二次固化	为保证树脂固化完全，使用紫外线对零件模型进行二次固化。把刚处理好的电器接插件模型放入紫外灯箱，固化 30 ~ 40min 即可	二次固化后的电器接插件模型零件
4. 打磨	固化完毕，使用雕刀去除零件模型上的毛刺和多余支撑结构	使用雕刀去除零件模型上的毛刺和多余支撑结构
	再使用钳子去除零件模型上多余的支撑结构	使用钳子去除零件模型上多余的支撑结构
	使用砂纸对零件模型进行打磨 对零件模型进行细致处理后，使用 DLP 技术快速成型制造的电器接插件模型加工完成	使用砂纸对零件模型进行打磨

学习活动6 电器接插件任务评价

学习目标

1. 锻炼表达能力
2. 检验工作任务完成效果
3. 能够正确客观地进行评价

学习过程

1. 小组展示电器接插件（略）
2. 三方评价（表6-14）

表6-14 评价表

工作任务名称：

评价项目	考核内容	考核标准	配分	小组评分	教师评分	企业评分	总评
任务完成情况评定（80分）	任务分析	正确率100%　5分 正确率80%　4分 正确率60%　3分 正确率<60%　0分	5			注：此项企业只需填写总分	
	制订方案	合理　10分 基本合理　6分 不合理　0分	10				
	数据处理	参数设置正确20分 参数设置不正确0分	20				
	打印成型	操作规范、熟练10分 操作规范、不熟练5分 操作不规范　0分 加工质量符合要求20分 加工质量不符合要求0分	30				
	后处理	处理方法合理　5分 处理方法不合理　0分 操作规范、熟练10分 操作规范、不熟练5分 操作不规范　0分	15				

（续）

评价项目	考核内容	考核标准	配分	小组评分	教师评分	企业评分	总评
职业素养 （20分）	劳动保护	按规范穿戴防护用品	每违反一次，扣5分，扣完为止			注：此项企业只需填写总分	
	纪律	不迟到、不早退、不旷课、不吃喝、不游戏					
	表现	积极、主动、互助、负责、有改进精神等					
	6S规范	是否符合6S管理要求					
总分							
学生签名		教师签名		日期			

3. 3D打印洗衣机部件工作小结（略）

→ 学习任务七

3D 打印叶轮（SLM）

学习目标

1. 阅读任务单，表述打印叶轮工作任务
2. 了解 SLM 技术的原理
3. 应用 BuildStar 软件，处理数据
4. 利用 SLM 技术打印叶轮
5. SLM 产品后处理

工作情境描述

广州快速制造有限公司生产部从市场部接到一份订单，要求生产汽车涡轮增压器中的叶轮零件，数量为两件。客户提供 3D 模型图，交货期为两天。

生产工程师接到工作任务后，通过任务单了解并分析客户需求，根据客户提供的 3D 模型图，选择加工方法、材料、设备等，制订打印工艺，填写生产制造文档、排包、生产打印、后处理及检测，完成后交付质检部验收确认，并填写设备使用情况和维修记录。

学习活动1 获取叶轮3D打印任务

学习目标
阅读任务单,表述打印叶轮工作任务

学习过程

1. 组建团队及任务分工(表7-1)

表7-1 组建团队及任务分工

团队名称及LOGO	团队成员	工作任务

2. 发放任务单(表7-2)

表7-2 任务单

产品名称	叶轮	编号		时间	2天
序号	零件名称	规格	图形	数量/套	生产要求
1	叶轮		图7-1	2	1. 加工完零件可直接使用 2. 可作调整旋转 3. 叶片曲面精度高
2					
备注	请在指定时间内完成	完成日期			
		生产数量/套			
生产部经理意见	(同意生产)	日期			

3. 了解叶轮

叶轮又称为工作轮(图7-2),是转子上的最主要部件,一般由轮盘、轮盖和叶片等组成,是涡轮式发动机、涡轮增压发动机等的核心部件。气(液)体在叶轮叶片的作用下,随叶轮作高速旋转,气(液)体受旋转离心力的作用,以及在叶轮里的扩压流动,在通过叶轮后的压力得到提高。

叶轮作为动力机械的关键部件,其加工技术一直是制造业中的一个重要课题。随着技术的发展,为了满足机器高速、高推重的要求,在新的中小型机构设计中大量采用整体结构叶轮。

图 7-1 叶轮 3D 数据模型　　　　　　　　图 7-2 叶轮

从整体式叶轮的几何结构和工艺过程可以看出：加工整体式叶轮时加工轨迹规划的约束条件比较多，相邻的叶片之间空间较小，加工时极易产生碰撞干涉，自动生成无干涉加工轨迹比较困难。因此在加工图 7-3 所示叶轮的过程中不仅要保证叶片表面的加工轨迹能够满足几何准确性的要求，而且由于叶片的厚度有所限制，所以还要在实际加工中注意轨迹规划，以保证加工的质量。

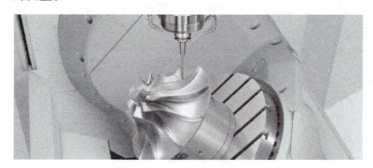

图 7-3 叶轮数控加工

叶轮的形状比较复杂，叶片的扭曲大，极易发生加工干涉，因此其加工的难点在于流道和叶片的粗、精加工。

根据整体式叶轮的实际工作情况，整体叶轮的曲面部分精度高，工作中高速旋转，对动平衡的要求高等诸多要求，一般的加工工艺路线如下：

1）铣出整体外形，钻、镗中心定位孔。
2）精加工叶片顶端小面。
3）粗加工流道面。
4）精加工流道面。
5）精加工叶片面。
6）清角。

4. 制造要求分析

1）加工产品名称为_____，数量为_____，完成时间为_____天。
2）此产品为_____（A. 成品　　B. 测试件）。

3）选择加工方法_____（A. 数控加工　　B. 3D 打印）。

因为，叶轮形状_____（A. 复杂　　B. 简单），叶片的扭曲大，极易发生加工干涉，加工难度_____（A. 大　　B. 小）。

使用_____（A. 数控加工　　B. 3D 打印）可以简化加工工艺、降低成本，做到较高的精度和复杂程度，直接生成零件，有效地缩短产品研发周期，是解决_____（A. 数控加工　　B. 3D 打印）复杂零件编程加工难题的有效途径。

4）本产品的生产要求：

_____

_____

_____

根据以上制造要求分析，选择_____（A. SLM　　B. SLS　　C. SLA）3D 打印技术。因为，_____（A. SLM　　B. SLS　　C. SLA）3D 打印技术主要打印尼龙材料，而_____（A. SLM　　B. SLS　　C. SLA）3D 打印技术常用于打印金属材料。本产品叶轮材料为_____（A. 尼龙　　B. 金属）。

学习活动 2　制订叶轮 3D 打印方案

学习目标

了解 SLM 技术的原理

学习过程

1. SLM 打印技术简介

选择性激光熔化（Selective Laser Melting，SLM）技术是利用金属粉末在激光束的热作用下完全熔化，经冷却凝固而成型的一种技术。

（1）工作原理　SLM 技术工作原理如图 7-4 所示，其设备及产品如图 7-5 所示。

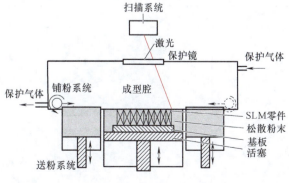

图 7-4　SLM 技术工作原理

图 7-5　SLM 技术设备及产品

（2）SLM 技术和 SLS 技术的区别　SLM 工艺一般需要添加支撑结构，其主要作用体现在：① 承接下一层未成型粉末层，防止激光扫描到过厚的金属粉末层，发生塌陷。② 由于成型过程中粉末受热熔化冷却后，内部存在收缩应力，导致零件发生翘曲等，支撑结构连接已成型部分与未成型部分，可有效抑制这种收缩，能使成型件保持应力平衡。

请选择完成表 7-3。

表 7-3　SLM 技术与 SLS 技术区别

	SLM	SLS
名称		
特点	在加工的过程中用激光使粉末完全熔化，不需要粘结剂	使用激光作为热能量烧结或者熔化高分子聚合物材料作为粘结剂用于粘合金属或者陶瓷，粘合以后通过在熔炉加热聚合物蒸发形成多孔的实体
材料		
力学性能		

A. 选择性激光熔化　　B. 选择性激光烧结　　C. 金属粉末
D. 高分子聚合物　　　E. 好　　　　　　　　F. 不好

（3）SLM 工艺特点（表 7-4）

表 7-4　SLM 工艺特点

优　　点	
复杂结构可一次成型，无需焊接。交付时间大幅减少 2/3	
多种金属材料可选，常用材料包括钛合金、钴铬合金、不锈钢、铝合金、镍铬合金、铜等	

(续)

优　点	
综合成本降低，可以降低制造成本 50% 左右	
帮助优化产品设计，例如用复杂且合理的结构代替原先的实心体，使成品重量更低，力学性能却更好	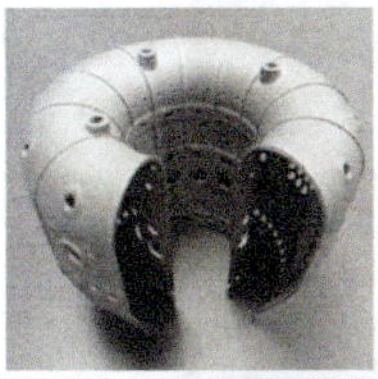 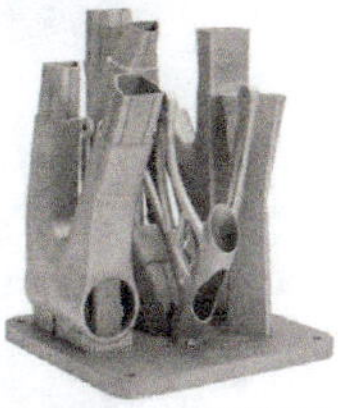
制造传统方式无法制造的金属结构件	
打印高密度金属	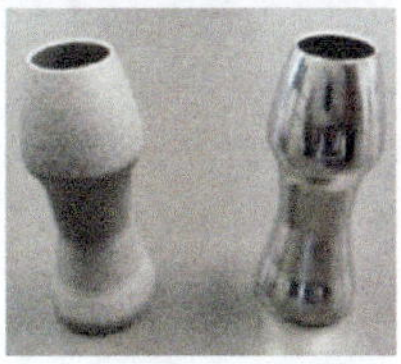

缺　点
价格昂贵，速度偏低；精度和表面质量一般，需通过后期加工提高

(4) SLM 工艺应用范围（表 7-5）

表 7-5　SLM 工艺应用范围

应用领域	应用举例
模具制造	直接烧结金属模具，包括内部的异形流道和模具外壳，如注塑模具、压铸模具、拉伸模具 模具的修复与其他模具部件的快速制造 突破传统模具加工能力的限制，大幅提升最终产品（如注塑件）的生产效率与成型质量
航空航天	经统计，一架 F-35 Lightning II 飞机中有 1600 个部件可以使用 SLM 工艺快速制造出来。欧洲宇航防务集团（EADS）已经在研究使用 3D 打印技术制造飞机，因为这不仅能降低成本，与传统制造方法相比更可使各部件的重量减轻 65% 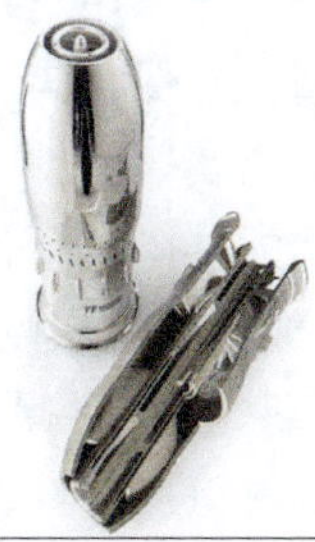

3D打印企业实例

(续)

应用领域	应用举例	
齿科	金属义齿、牙冠牙桥、齿科植入钉、活动义齿、正畸装置等	
骨科	人造骨关节、骨骼植入体、骨骼钛板、骨骼导板等	
医疗器械	手术器械、仪器设备、手术定位装置、金属义肢等	

2. 设备

湖南华曙高科技有限责任公司生产的 FS121M 选择性激光熔融设备如图 7-6 所示。FS121M 是工业级选择性激光熔融快速成型设备,主要用于医疗、义齿、医疗器械加工、植入物加工、科研院校、贵金属加工。与传统的零件加工工艺相比,它最大的优点在于一次成型,不再需要任何的工装模具,且加工周期短、易于调整。此外,此加工方式不受零件的形状及复杂程度限制,只需用三维软件(如 CAD、Solidworks 等)绘制出零件模型,并保存为 STL 格式,FS121M 就能够直接利用模型文件烧结出实体工件。

与国内外同类型设备相比,FS121M 具备如下优势:
1) 成型速度较快。
2) 双光斑可调设计。针对不同的材料可选择不同的光斑,定制化调整以更好地匹配材料属性。
3) 双刮刀设计。配有陶瓷和橡胶两种刮刀,精度更有保

图 7-6 FS121M 选择性激光熔融设备

证,薄壁件不易卡死。

4)单缸供粉单向铺粉系统,简化设备结构,可刮除烧结区域内大颗粒氧化杂质,有效提高烧结质量。

5)全封闭式溢粉收集系统及粉末分离系统,减少粉尘污染,避免工作人员吸入粉尘造成的人身伤害,防止粉尘与空气接触引起爆炸。

6)气体平流烟尘循环净化系统,有效地去除大颗粒氧化杂质,节约惰性气体使用成本。

7)自主研发的新型数字化激光控制系统,使控制精度大大提高,抗干扰能力大大加强。

3. 制订工作方案(排包)(表7-6)

表7-6 叶轮工作方案

产品名称	产品编号	设 备	材 料	创建时间	创 建 人
叶轮		选择:_____ A. FS121M B. 上海联泰 RS6000 C. Fortus 450mc D. Objet500 Connex3™	选择:_____ A. 尼龙 B. 不锈钢 C. ABS D. PLA		

学习活动 3　处理叶轮数据

学习目标

应用 BuildStar 软件,处理数据

学习过程

1. STL 数据处理

BuildStar 软件是 FS121M 打印机的配套软件,用于构建加工数据包。由于打印机控制软件 MakeStar 只能识别 bpf 文件,因此三维建模软件创建的模型需导出为 STL 格式,再经过 BuildStar 软件设置相关工艺参数,排列模型的成型位置和方向,并保存为 bpf 文件后,才能导入控制软件中进行控制熔化。

需要注意的是,在其他计算机上编辑 bpf 文件时,需将该 bpf 文件导出为 bpz 格式的文件,再转入到设备软件上转换成 bpf 文件,方可进行烧结。

FS121M 打印机能够识别的文件准备一般流程如图 7-7 所示。

打印数据准备的一般流程与其他切片处理软件相似,包括打印机和材料设置、导入 STL 模型、编辑模型、工件参数设置、碰撞检查、保存为 bpf 文件这几个阶段(表 7-7 未列步骤可参照其他切片处理软件)。不同工件的打印项目主要差别在于工件参数的设置。

2. 零件摆放

摆放零件前,先将零件导入到平台上。零件大小不能超过成型范围。用鼠标配合窗口的几个视角左键拖动零件进行排列摆放,确保零件与零件之间必须保持合理的间距,至少0.1mm。具体方法见表7-8。

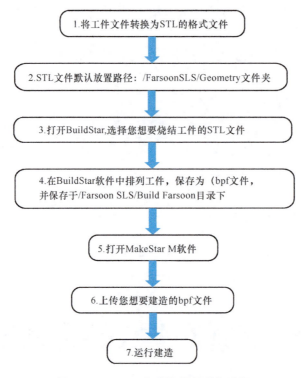

图 7-7　FS121M 打印机数据准备流程

表 7-7　STL 数据处理步骤

说　明	图　示
双击打开桌面上的 BuildStar 图标,打开软件后,出现主界面	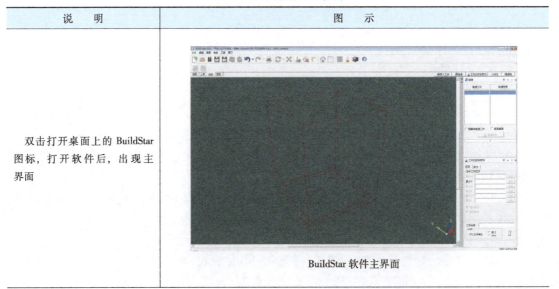 BuildStar 软件主界面

（续）

说　明	图　示
打开文件，选择"改变材料"选项，确定建造所用的材料为"FS316L"不锈钢材料	 改变材料

表 7-8　零件摆放方法

说　明	图　示
按组合键 <Ctrl + A> 选中所有模型，单击鼠标右键→复制→副本。设置完成后，单击"确定"，退出对话框 系统将自动为这两套模型排序。但也可能存在覆盖的情况，此时需要手动调整模型位置	 复制对象

3. 生成支撑（表 7-9）

表 7-9　生成支撑方法

说　明	图　示
单击工具栏中的 图标添加模型的支撑文件，打开相应的支撑结构文件后，设置单位为"mm"	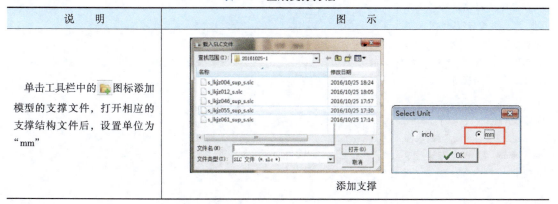 添加支撑

4. 工艺参数设置

（1）建造参数

1）build platform temperature 成型平台温度相当于粉末的预热温度，将粉末先预热可以避免成型部分翘曲变形。这个参数的数值与材料有关。

2）Smart Feed Grain 智能送粉系数。智能送粉系数表征的是供粉系统每次送粉的质量，这里用系数表示。1是正常标准，当工件多或大时，为了确保成型缸能铺满，可以适当提高送粉系数。

3）Layer Thickness 建造层厚表示切片间距，等于成型缸每次下降的高度，该值过大会影响粉末的粘结效果，使层与层之间无法粘结，过小会使加工时间增加。设置范围为 0.02~0.03mm。

（2）工件参数

1）Fill Laser Power 激光功率。在固体粉末选择性激光烧结工艺过程中，激光功率决定了激光对粉末的加热温度。如果激光功率低，粉末的温度不能达到熔融温度，不能烧结，成型制件强度低或根本不能成型。如果激光功率高，则会引起粉末汽化或炭化，影响颗粒之间、层与层之间的粘结。激光功率与粉末特性有关，对于不锈钢粉末而言，通常设置为 190~200W。

2）Fill Speed 扫描速度影响成型件加热时间。在同一激光功率下，扫描速度不同，材料吸收的热量也不同，变形量不同引起的收缩变形也不同。当扫描速度快时，材料吸收的热量相对少，材料的粉末颗粒密度变化小，制件收缩小；当扫描速度慢时，材料接触激光的时间长，吸收热量多，颗粒密度大，制件收缩大。对于不锈钢粉末而言，扫描速度通常设置为 700~800mm/s。

3）Slicer Fill Scan Spacing 扫描间距指相邻扫描线之间的距离，距离过大会影响零件强度，过小会增加加工时间。该值取值范围为 0.03~0.1mm。

工艺参数设置步骤见表 7-10。

表 7-10 工艺参数设置步骤

说　明	图　示
单击建造配置编辑器图标 ![icon]，设置并检查建造参数：加热器的温度 100℃、智能送粉系数 1.0、建造层厚 0.03mm 等，设置完毕后单击应用 单击图标 ![icon]，设置工件参数：激光填充扫描功率 190W、填充速度 700mm/s、扫描线间距 0.06mm 等，设置完毕后单击应用	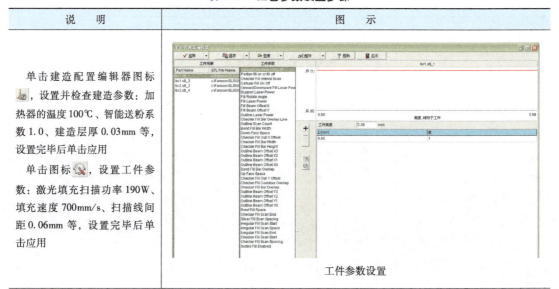 工件参数设置

（续）

说　　明	图　　示
单击保存并验证图标，保存文件，并进一步验证模式摆放位置是否合适	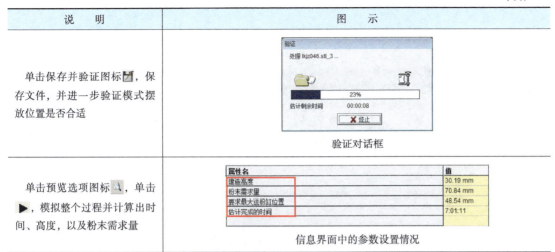 验证对话框
单击预览选项图标，单击▶，模拟整个过程并计算出时间、高度，以及粉末需求量	信息界面中的参数设置情况

学习活动 4　叶轮快速成型

学习目标

利用 SLM 技术打印叶轮

学习过程

1. 打印前准备（表 7-11）

表 7-11　叶轮打印前准备步骤

步　　骤	说明及图示
打印前检查确认	在打印前，应仔细检查是否有足够的惰性气体 工作腔内的氧气浓度是否在安全值以下（减少粉末材料在烧结时发生氧化），激光循环冷却水水位是否高于安全值 设备所在的车间环境温度保持在 (25±5)℃，湿度小于 75%
打印前清理	用空气球将镜片表面浮物吹掉 用无水酒精沾湿无尘布或无尘纸，轻轻地擦洗表面，注意避免用力地、来回地擦洗，要控制无尘布或无尘纸划过表面的速度，使擦拭留下的液体立即蒸发，不留下条纹 激光窗口镜清理

157

(续)

步　骤	说明及图示
配制烧结材料	根据软件计算的粉末高度及粉末材料的密度大致可以计算出需要准备的粉末重量。不同的金属粉末在使用前，须经该材料对应目数的过滤筛或配套筛网规格的振动筛过筛，防止有异物在粉末里，影响建造 　　注意：更换成型缸烧结基板时，应穿防护服、佩戴防尘口罩、防护眼镜和防护手套，以免粉末对人体造成伤害  振动筛
启动设备	确保设备供电正常 将设备后侧的主电源开关旋至 ON 状态，如图所示  开启打印机主电源 打开计算机及配套软件 MakeStar 打开激光水冷机的电源开关，确保水冷机处于制冷状态  水冷机开关
更换基板	单击 MakeStar 软件中的按钮 手动，进入手动控制界面 单击运动按钮 运动，将成型缸活塞上升至工作平面之上 2～3mm 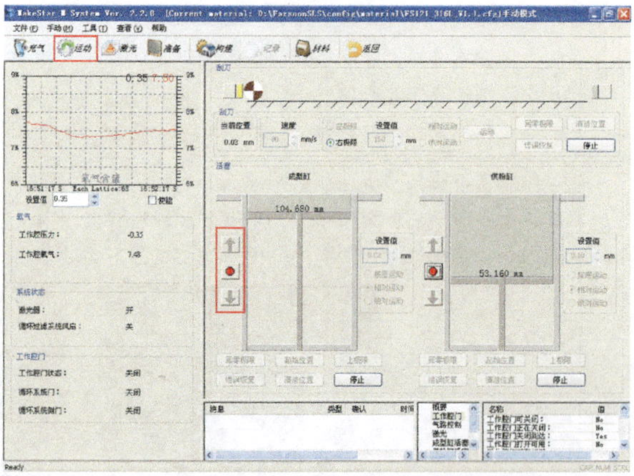 上升成型缸

（续）

步　　骤	说明及图示
更换基板	将平面度检查合格的新的基板缓缓放置在活塞板上，并对准固定螺钉孔，用螺钉将基板连接至活塞板上，并紧固 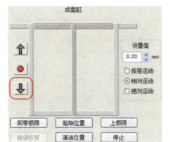 更换基板 将成型缸活塞板下降至基板上表面与工作平面平齐或在工作平面之下，更换完成
调整成型缸活塞位置	进入 MakeStar M 手动控制界面，单击"运动"按钮 运动，出现运动控制界面 将成型缸烧结基板降至工作平面以下：单击成型缸下的"向下"箭头 单击刮刀图标下方的"左极限"或"右极限"单选框，可以控制刮刀左右移动，单击"停止"按钮可以使刮刀停止运动。将铺粉刮刀移动到成型缸上方  成型缸活塞上升：单击成型缸下的"向上"箭头，控制成型缸活塞上升，直至成型缸基板上表面接近刮刀下表面（不接触） 用塞尺测量基板上表面与刮刀的多点位置之间的距离，并逐步调整成型缸活塞位置，直到成型缸基板上表面与铺粉刮刀下表面间的间距为 0.05mm  塞尺检测安装高度

（续）

步　骤	说明及图示
装粉	进入运动控制界面后，系统使供粉缸活塞降到原点位置：单击供粉缸下的"回零极限"按钮，使活塞直接回到原点 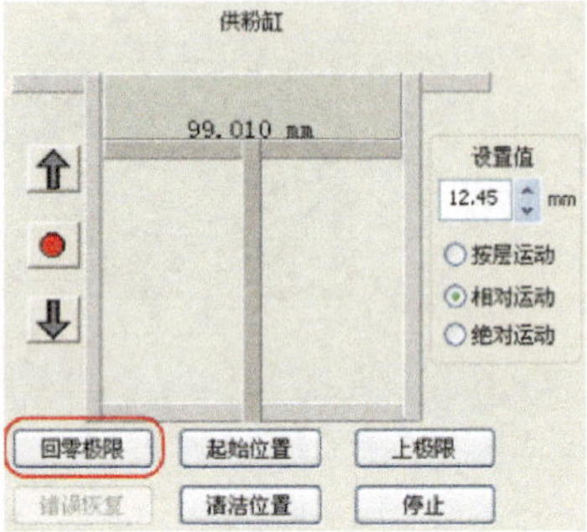 供粉缸设置 在供粉缸上放置匹配烧结金属粉末材料目数的过滤筛，将金属粉末缓慢倒入过滤筛中，过滤掉粉末大颗粒或其他大块杂质，符合烧结条件的金属粉末直接过滤到供粉缸中
铺平粉末	将成型缸活塞位置调整至成型缸基板上表面与铺粉刮刀下表面间的间距为0.05mm；将铺粉刮刀移动到右极限位置 将供粉缸活塞上升0.05~0.1mm，输入设置值，选择"相对运动"单选框，单击"向上"箭头图标 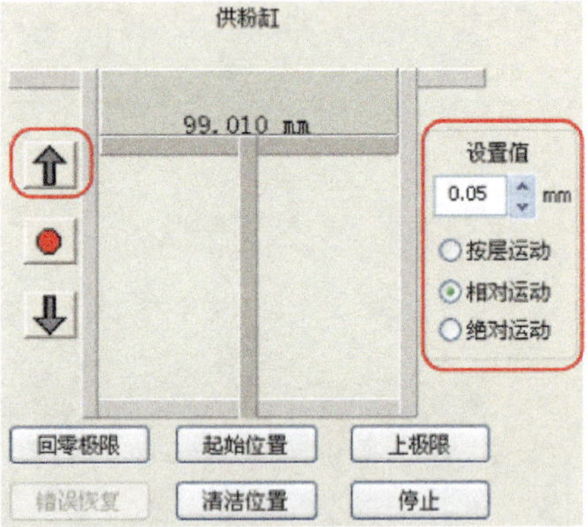 设置供粉缸 将铺粉刮刀从右侧移动到左侧，重复该动作，直至工作平面全部被粉末铺平

2. 3D 打印步骤（表 7-12）

表 7-12　叶轮 3D 打印步骤

步　骤	说明及图示
设置工作环境	确保工作腔门已关闭，双击 MakeStar M 启动软件，进入软件的主界面。单击按钮 手动，进入手动控制界面 设置成型缸活塞温度为 60 ~ 200℃（视材料而定） 手动充惰性气体：充惰性气体时，须打开集尘系统电源开关，确保集尘系统已开启并正常运行；单击手动控制界面中的充氮按钮 充气 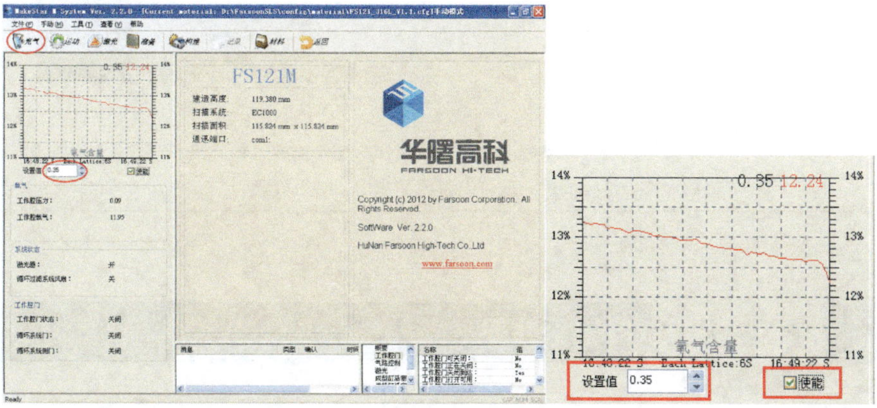 充氮 在氧气含量实时监测图表下方弹出的选项框内，将氧气含量设定值设为 0.35；单击 使能 复选框，向腔体内充入惰性气体；当腔体内氧气含量下降至设定值以下时，单击 返回 退出手动操作界面
自动建造	进入软件主界面，单击 建造，进入自动建造界面。单击按钮 开始，在弹出对话框中找到预先保存的 bpf 文件并单击"打开"按钮 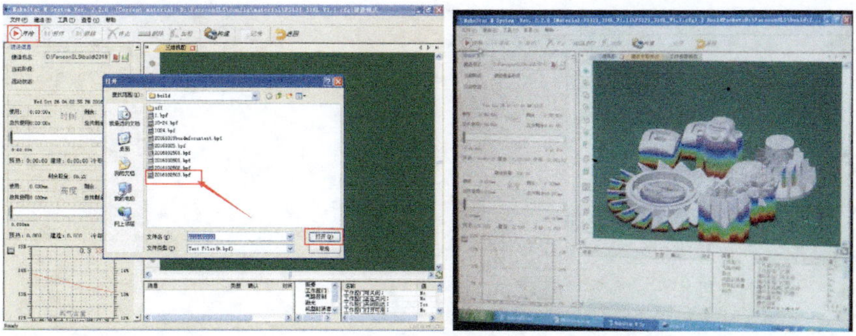 导入 bpf 文件

(续)

步骤	说明及图示
自动建造	待 bpf 文件加载完成后，单击"开始"按钮，显示器上出现使能提示，按照提示按下在用户控制界面的系统使能按钮 SYSTEM ON 系统使能后，自动建造开始，系统开始充入惰性气体，当氧气含量到达 0.3% 时，开始进行铺粉、烧结。待烧结完成后，就可以将原型取出，做后处理

学习目标

SLM 产品后处理及注意事项

学习过程

叶轮后处理步骤见表 7-13。

表 7-13 叶轮后处理步骤

步骤	说 明	
1. 清粉取件	准备好配套的方形过滤筛、个人防护用具、刷子、防护手套等工具。取模型时要戴手套及口罩操作，避免皮肤直接接触树脂造成伤害	
	成型缸内活塞温度足够安全时，建造完成后，进入手动控制界面，单击运动按钮，选择成型缸右侧相对运动单选框，设置值中输入 0.5mm，按下降箭头，使成型缸下降到工作平面以下	成型缸下降

162

（续）

步骤	说　　明	
1. 清粉取件	将铺粉刮刀移动到右极限：单击铺粉刮刀图标下方的右极限单选框，单击运动按钮，铺粉刮刀移动并停止在右极限位置	 刮刀运动至右极限
	将方形过滤筛放置在供粉缸上，防止清理时大颗粒粉末或异物进入供粉缸 使用相对运动单选框，控制成型缸以10mm为单位上升	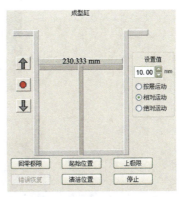 成型缸上升
	每上升10mm，用刷子将多余的粉末刷到溢粉箱中	 将多余的粉末刷到溢粉箱中
	重复该动作，直到成型缸到达上极限位置。将多余的粉末清理到溢粉箱中后，用吸尘器将基板螺钉孔及其他死角处的粉末清理干净。将基板从成型平台上取下，清理完模型表面的浮粉后拿出	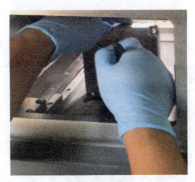 清理表面浮粉

（续）

步骤		说　　明
2. 工件后处理	分离工件	使用工具将原型从基板上逐个剥离，如下图所示，去除剩余的支撑，获得工件。用打磨工具，初步清理模型表面毛刺  分离工件   打磨机及磨砂头 此时的模型已经初步平整了，再经过后期的打磨抛光等处理后，可获得工件
	去应力退火	将工件与基板从设备中取出后，放入热处理炉中进行工件去应力退火
	喷丸抛光	根据技术要求对工件进行表面处理——喷丸、抛光 喷丸是用铁丸撞击材料表面，去除零件表面的氧化皮等污物，并使零件表面产生压应力，从而提高零件的接触疲劳强度 抛光是对材料表面进行细微的表面处理，平整表面，使得表面具备高的精度和低的表面粗糙度值
	粉末处理	将供粉缸中剩余的粉末和溢粉箱中的粉末置入振动筛中过筛，将过筛后的粉末存储于干燥密封的容器或密封袋中 使用工业吸尘器将设备上，特别是工作腔表面残留的粉末清除干净

学习活动6　叶轮任务评价

学习目标

1. 锻炼表达能力
2. 检验工作任务完成效果
3. 能够正确客观地进行评价

# 学习过程

1. **小组展示叶轮零件**（略）
2. **三方评价**（表7-14）

表7-14 评价表

工作任务名称：

评价项目	考核内容	考核标准	配分	小组评分	教师评分	企业评分	总评
任务完成情况评定（80分）	任务分析	正确率100%　5分 正确率80%　4分 正确率60%　3分 正确率<60%　0分	5			注：此项企业只需填写总分	
	制订方案	合理　10分 基本合理　6分 不合理　0分	10				
	数据处理	参数设置正确20分 参数设置不正确0分	20				
	打印成型	操作规范、熟练10分 操作规范、不熟练5分 操作不规范　0分 加工质量符合要求20分 加工质量不符合要求0分	30				
	后处理	处理方法合理　5分 处理方法不合理　0分 操作规范、熟练10分 操作规范、不熟练5分 操作不规范　0分	15				
职业素养（20分）	劳动保护	按规范穿戴防护用品	每违反一次，扣5分，扣完为止				
	纪律	不迟到、不早退、不旷课、不吃喝、不游戏					
	表现	积极、主动、互助、负责、有改进精神等					
	6S规范	是否符合6S管理要求					
总分							
学生签名		教师签名		日期			

3. **3D打印叶轮工作小结**（略）

参 考 文 献

[1] 杨振贤. 3D 打印：从全面了解到亲手制作［M］. 北京：化学工业出版社，2015.
[2] 赖周艺. 3D 打印项目教程［M］. 重庆：重庆大学出版社，2015.
[3] 辛志杰. 逆向设计与 3D 打印实用技术［M］. 北京：化学工业出版社，2017.
[4] 杨伟群. 3D 设计与 3D 打印［M］. 北京：清华大学出版社，2015.
[5] Bre Pettis, Anna Kaziunas France, Jay Shergill. 爱上 3D 打印机（修订版）［M］. Magicfirm MBot 组，译. 北京：人民邮电出版社，2015.
[6] 黄文恺. 3D 建模与 3D 打印快速入门［M］. 北京：中国科学技术出版社，2016.
[7] 孙劼. 3D 打印机/AutoCAD/UG/Creo/Solidworks 产品模型制作安全自学教程［M］. 北京：人民邮电出版社，2014.
[8] Joan Horvath. 3D 打印技术指南　建模、原型设计与打印的实战技巧［M］. 张佳进，张悦，谭雅青，等译. 北京：人民邮电出版社，2016.